Leila Kheroua

La gestion des réseaux mobiles ad hoc

Leila Kheroua

La gestion des réseaux mobiles ad hoc

Une approche basée agents mobiles

Presses Académiques Francophones

Impressum / Mentions légales
Bibliografische Information der Deutschen Nationalbibliothek: Die Deutsche Nationalbibliothek verzeichnet diese Publikation in der Deutschen Nationalbibliografie; detaillierte bibliografische Daten sind im Internet über http://dnb.d-nb.de abrufbar.
Alle in diesem Buch genannten Marken und Produktnamen unterliegen warenzeichen-, marken- oder patentrechtlichem Schutz bzw. sind Warenzeichen oder eingetragene Warenzeichen der jeweiligen Inhaber. Die Wiedergabe von Marken, Produktnamen, Gebrauchsnamen, Handelsnamen, Warenbezeichnungen u.s.w. in diesem Werk berechtigt auch ohne besondere Kennzeichnung nicht zu der Annahme, dass solche Namen im Sinne der Warenzeichen- und Markenschutzgesetzgebung als frei zu betrachten wären und daher von jedermann benutzt werden dürften.

Information bibliographique publiée par la Deutsche Nationalbibliothek: La Deutsche Nationalbibliothek inscrit cette publication à la Deutsche Nationalbibliografie; des données bibliographiques détaillées sont disponibles sur internet à l'adresse http://dnb.d-nb.de.
Toutes marques et noms de produits mentionnés dans ce livre demeurent sous la protection des marques, des marques déposées et des brevets, et sont des marques ou des marques déposées de leurs détenteurs respectifs. L'utilisation des marques, noms de produits, noms communs, noms commerciaux, descriptions de produits, etc, même sans qu'ils soient mentionnés de façon particulière dans ce livre ne signifie en aucune façon que ces noms peuvent être utilisés sans restriction à l'égard de la législation pour la protection des marques et des marques déposées et pourraient donc être utilisés par quiconque.

Coverbild / Photo de couverture: www.ingimage.com

Verlag / Editeur:
Presses Académiques Francophones
ist ein Imprint der / est une marque déposée de
OmniScriptum GmbH & Co. KG
Heinrich-Böcking-Str. 6-8, 66121 Saarbrücken, Deutschland / Allemagne
Email: info@presses-academiques.com

Herstellung: siehe letzte Seite /
Impression: voir la dernière page
ISBN: 978-3-8381-4121-3

Copyright / Droit d'auteur © 2014 OmniScriptum GmbH & Co. KG
Alle Rechte vorbehalten. / Tous droits réservés. Saarbrücken 2014

INTRODUCTION GENERALE..1

CHAPITRE I : LA TECHNOLOGIE D'AGENTS MOBILES

I. INTRODUCTION : 3

II. GENERALITES SUR LES AGENTS MOBILES : 4

   II.1 Notion d'agent : 4

   II.2 Notion d'agent mobile : 5

   II.3 Structure d'un agent mobile : 6

   II.4 Classification des actions à distance : 7

   II.5 Mobilité et migration : 8

      II.5.1 La migration d'activité : 8
      II.5.2 La mobilité du code ou de l'agent : 9

III. AVANTAGES ET MOTIVATIONS DU CODE MOBILE : 9

IV. LES ENVIRONNEMENTS D'EXECUTION MOBILES : 9

   IV.1 Les services pour l'exécution des agents mobiles : 11

      IV.1.1 Création et exécution d'un agent : 11
      IV.1.2 Réception d'un agent et activation de son code : 11
      IV.1.3 Communication entre les agents mobiles : 13
      IV.1.4 Migration d'agent : 14
      IV.1.5 Traçabilité : 15
      IV.1.6 Sécurité : 15

   IV.2 Quelques environnements d'exécution mobiles : 15

      IV.2.1 Agent Tcl : 16
      IV.2.2 Java : 16
      IV.2.3 Telescript : 16

V. LES APPLICATIONS DE LA TECHNOLOGIE DU CODE MOBILE : 16

   V.1 La reconstitution de l'information distribuée : 17

   V.2 Le commerce électronique : 17

   V.3 Administration et surveillance des réseaux : 17

   V.4 Applicabilité aux réseaux à grande échelle et à l'informatique nomade : 17

VI. CONCLUSION : 19

CHAPITRE II : LER RESEAUX MOBILES AD HOC

I. INTRODUCTION : ....

II. LES RESEAUX MOBILES : 21

    II.1 Réseaux avec infrastructure : 21

        II.1.1 Les réseaux sans fil locaux : 22
        II.1.2 Les réseaux sans fil étendus : 24

    II.2 Réseaux sans infrastructure ou Ad hoc : 25

    II.3 Avantages des réseaux sans fil : 26

III. LES RESEAUX MOBILES AD HOC : 27

    III.1 Historique : 27

    III.2 Définition des réseaux Ad Hoc : 28

    III.3 Modélisation : 29

    III.4 Caractéristiques des liens radio et des réseaux Ad Hoc : 31

    III.5 Domaines d'applications : 32

IV. CONTROLE DE TOPOLOGIE DANS LES RESEAUX AD HOC : 33

    IV.1 Clustering dans les réseaux mobiles ad hoc: 34

        IV.1.1 Définition : 34
        IV.1.2 Motivation de l'utilisation des Clusters dans les réseaux mobiles ad hoc : 35
        IV.1.3 Techniques de Clustering : 35
        IV.1.4 Clustering multi niveau (hiérarchique) : 38

    IV.2 Maintenance des liens de groupe consistants dans les réseaux mobiles ad hoc : (Consistent groupe memebership) 39

        IV.2.1 Formalisation du problème : 39
        IV.2.2 La maintenance de liens consistants entre les groupes : 40

V. CONCLUSION : 46

CHAPITRE III : LE ROUTAGE DANS LES RESEAUX MOBILES AD HOC

I. INTRODUCTION : 47

II. DEFINITIONS : 48

    II.1 Routage : 48

    II.2 Inondation : 49

    II.3 Multi hoping (multi sauts): 50

III. LES LIMITATIONS DES PROTOCOLES DE ROUTAGE CONVENTIONNELS DANS LE MODE AD HOC : 50

IV. LA CONCEPTION DES PROTOCOLES DE ROUTAGE POUR LES RESEAUX AD HOC: 51

V. L'EVALUATION DES PROTOCOLES DE ROUTAGE : 52

VI. LES PROTOCOLES DE ROUTAGES DANS LES RESEAUX AD HOC : ... 52

    VI.1 Les différentes familles des protocols de routage MANETs: 52

        VI.1.1 Protocoles orientés table : 53
        VI.1.2 Protocoles à la demande : 53
        VI.1.3 Protocoles hybrides : 54

    VI.2 Classification : 54

        VI.2.1 Routage hiérarchique ou plat : 54
        VI.2.2 Routage état de liens ou vecteur de distance : 56
        VI.2.3 Routage de source ou saut par saut : 56

    VI.3 Description de quelques protocoles de routage représentatifs : 57

        VI.3.1 DSDV : Destination Sequence Distance Vector Routing Protocol 57
        VI.3.2 OLSR: Optimized Link State Routing Protocol: 59
        VI.3.3 AODV: Ad hoc On Demand Distance Vector Routing Protocol 60
        VI.3.4 DSR : Dynamic Source Routing Protocol 61
        VI.3.5 ZRP: Zone Based Routing Protocol 64

VII. CONCLUSION : 68

CHAPITRE IV : UN PROTOCOLE DE ROUTAGE CENTRALISE POUR LES RESEAUX AD HOC.

I. INTRODUCTION : 69

II. LA GESTION DANS LES RESEAUX MOBILES AD HOC. 71

II. 1 La gestion distribuée: 71

II.2 Une gestion centralisée pour les réseaux ad hoc : 72

II.3 Application du protocole centralisé pour le routage dans les réseaux ad hoc : 73

III. UN PROTOCOLE CENTRALISE A BASE D'UN SERVEUR MULTI AGENTS POUR LA GESTION DU ROUTAGE DANS LES RESEAUX AD HOC : 73

III.1 Pré requis : 74

III.2 Etapes d'exécution du protocole centralisé : 75

III.2.1 Election des nœuds formant le serveur mobile multi agents : 75
III.2.2 Maintenance des liens consistants entre les nœuds du serveur : 76
III.2.3 Partitionnement du réseau en zones : 80
III.2.4 Principe de fonctionnement du protocole de routage centralisé : 80

IV. CONCLUSION : 85

CONCLUSION GENERALE & PERSPECTIVES……………………………...83

Dédicace

*Au delà des mots, au delà des murs:
A la terre des oliviers, que la paix puisse un
jour te revenir.*

Remerciements

Je ne cesserais de remercier Dieu, le tout puissant, pour ces aubaines. En cette circonstance, je le remercie particulièrement pour m'avoir éclairé la route du savoir et de la connaissance.

Je tiens à remercier ma promotrice Mme Aissani pour m'avoir proposé ce sujet, pour son aimable disponibilité ainsi que pour son honorable engagement envers la science et la recherche . J'exprime mes sincères remerciements et ma profonde reconnaissance à mon co-promoteur Mr. Zafoune pour le temps qui m'a accordé, pour ses précieux conseils et ses critiques de pointes qui m'ont beaucoup servi dans la réalisation de ce travail.

Je remercie Mr. Baddache pour avoir accepté de présider le jury de cette soutenance. Je remercies également les membres du jury Mr Belkheir et Mme Boukala pour m'avoir honoré par leur présence.

Je remercie mon adorable famille : mes parents, ma sœur et mon frère pour leur soutien qui m'a accompagné tout au long de mes études, je remercie également ma tante qui m'a encouragé à passer le concours de poste graduation et enfin je remercie toutes mes amies et collègues du labo LRIA qui m'ont beaucoup aider pour accomplir cette modeste contribution.

Résumé :

Dans la famille des réseaux sans fil, nous retrouvons les réseaux mobiles ad hoc, connus pour leur rapide déploiement à travers les surfaces géographiques dans des circonstances imprévues ou des cas d'extrême urgence lors des opérations de secours et des initiatives de sauvetage.

Les réseaux ad hoc sont caractérisés par une gestion distribuée due à l'absence de toute infrastructure de base pour le contrôle et la gestion d'applications. Ce type de gestion fait participer tous les nœuds du réseau et induit de ce fait, un trafic important surtout dans les applications de localisation et de routage qui nécessitent une vue consistante et rafraîchie de la topologie pour chaque nœud du réseau.

Afin de pallier l'absence d'infrastructure fixe dans ces réseaux, nous proposons la conception d'un protocole pour une gestion centralisée dans les réseaux ad hoc notamment pour le routage. A cet effet, nous utiliserons la technologie du code mobile afin de ne plus subir la mobilité et de permettre la continuité des applications en cours. Le protocole proposé est à base d'un serveur mobile multi agents abritant des sous bases de données pour le routage. La conception du protocole a été conçue selon les étapes suivantes : premièrement l'élection des nœuds mobiles formant le serveur, une technique inspirée des techniques de *Clustering* a été proposée, elle a pour objectif la formation d'un ensemble de nœuds central dont le mouvement suit le mouvement relatif du reste des nœuds du réseau. Deuxièmement, une maintenance des liens consistants est assurée entre les nœuds du serveur et des mécanismes de remplacement lors de la mobilité des membres du serveur sont mis en place. Par la suite, le réseau sera partitionné en zones dans le but de dédier certains nœuds du serveur à la gestion du routage dans une partie bien définie du réseau. Enfin, un protocole de routage adéquat à cette topologie sera exécuté. Au niveau du serveur, et compte tenu du nombre réduit de nœuds, nous préférons l'utilisation d'une technique d'inondation de paquets de données. Cela permettra d'un coté, à chaque nœud d'avoir une information complète et rafraîchie de son voisinage. D'un autre coté, ça nous évitera l'implémentation d'un routage de type proactif qui risque d'alourdir le réseau. Au delà du serveur, nous proposons d'adapter le protocole DSR(Dynamic Source Routing) qui offre un routage de source, ce qui convient le mieux à une architecture centralisée.

Mot clés : Réseaux ad hoc, Agent mobile, Techniques de routage, Protocole centralisée.

Introduction Générale

La remarquable avancée des technologies sans fil ces dernières années, a non seulement permis aux réseaux sans fil de connaître un grand succès auprès des institutions et entreprises mais aussi, elle a permis leur rapide déploiement dans des circonstances d'urgence ou spontanées formant ce qu'on appel un réseau mobile Ad Hoc.

Les réseaux mobiles ad hoc font partis des réseaux sans fil n'ayant aucune infrastructure de base pour le contrôle et la gestion d'applications. La problématique posée dans ce genre de réseau ressort du type de gestion utilisée. Souvent distribuée, cette gestion induit un trafic ainsi qu'une charge de travail importants au niveau de chaque nœud mobile ce qui implique une lenteur du réseau et une consommation rapide des ces ressources (CPU, mémoire, batterie).

Notre travail offre une autre alternative de gestion dans les réseaux ad hoc. Il détaille les différentes étapes de conception d'un protocole, où toute la gestion est centralisée au niveau d'un groupe de nœuds formant le serveur mobile pour la gestion d'application telles que le routage. Le présent document s'intéresse aussi à la technologie du code mobile, issue du domaine de l'intelligence artificielle sous le vocable d'agents mobile. Cette technologie s'adapte bien au nomadisme et permet une continuité dans les applications malgré la mobilité des nœuds. Dans notre cas, lorsqu'un nœud dépasse la portée de communication du serveur, l'agent mobile implémenté dans ce nœud (partant) devra migrer vers le nouveau nœud remplaçant élu par le serveur.

Le protocole proposé s'exécutera selon les étapes suivantes : premièrement, l'étape d'élection des nœuds formant le serveur mobile. Pour cela, nous utilisons une formule mathématique (voir page 73) qui prend en considération la distance du nœud par rapport au centre du réseau ainsi que sa vitesse par rapport à la vitesse moyenne du réseau. Le but, est de former un groupe de nœud (le serveur multi agents) qui suit le mouvement du réseau et dont la position est relativement au centre. La deuxième étape, assure une maintenance de liens consistants entre les nœuds membres du serveur en dépit de la mobilité des nœuds. En effet, lors de la mobilité d'un ou de plusieurs membre(s) du serveur au delà de la porté de ce dernier, le protocole permettra l'élection de nœuds remplaçants et fera migrer le code vers les nouveaux nœuds afin qu'ils puissent prendre le relais et continuer la gestion d'applications en cours. La contrainte d'épuisement de batteries sera également prise en charge vu que les nœuds du serveur se verrant affecter une charge de travail très importante. La troisième étape, consiste à décomposer le réseau en zones et enfin, l'exécution d'un protocole de routage adéquat. Au niveau du serveur et compte tenu du nombre réduit de nœuds, une technique d'inondation de paquet de données sera utilisée. Au delà du serveur, nous proposons d'adapter le protocole DSR (Dynamic Source Routing) qui convient le mieux à une architecture centralisée.

Le reste de ce document est présenté de la manière suivante : le chapitre 1 intitulée « **La technologie d'agent mobile** » défini par rapport à un agent, la notion de mobilité et de migration, les environnements d'exécution ainsi que les avantages qu'offre cette technologie et ces différents domaines d'application surtout dans le cadre de l'informatique nomade. Le chapitre 2 intitulé « **Les réseaux mobiles ad hoc** » présente les réseaux sans fil, en particulier les caractéristiques des réseaux sans infrastructure préexistante (les réseaux ad hoc) et des liens radio. Un volet de ce chapitre trait l'aspect de contrôle de topologie via les techniques de *Clustering* ainsi que la maintenance de liens consistants entre les nœuds dans les réseaux ad hoc. Le chapitre 3 intitulé : « **Le routage dans les réseaux mobiles ad hoc** » explicite la fonction du routage, présente les principales lacunes des protocoles de routage traditionnels et les challenges que les nouveaux protocoles de routage dans les réseaux ad hoc doivent satisfaire. Il présente également différentes classifications des protocoles de routage et décrit le fonctionnement de quelques protocoles représentatifs. Enfin, le dernier chapitre intitulé : « **Un protocole centralisé pour la gestion du routage dans les réseaux ad hoc** » pose la problématique de la gestion distribuée dans les réseaux ad hoc, notamment pour les applications de routage et propose une gestion centralisée pour ce type de réseau. Il présente les différentes phases d'exécution du protocole proposé, à savoir, l'élection des nœuds mobile du serveur ; la maintenance du mécanisme de remplacement et des liens consistants entre les nœuds du serveur lors de la mobilité. Il explique la migration du code via les agents mobiles implémentés sur les nœuds du serveur, la décomposition du réseau en zones et enfin, l'exécution d'un mécanisme de routage adéquat à la topologie proposée.

Chapitre 1
« La Technologie d'Agents Mobiles »

I. Introduction :

L'évolution de l'architecture des réseaux a permis de passer rapidement d'une informatique séquentielle et centralisée à une informatique concurrente, répartie et mobile. Ce phénomène ne s'est pas arrêté à l'Internet mais il s'est étendu aux organisations et entreprises. Cependant cette évolution est hérissée d'obstacles, notamment, la contrainte de connexion constante qui n'est pas évidente ni dans les réseaux de grande envergure ni pour les stations nomades.

Afin de palier à ce problème, plusieurs recherches ont été dirigées pour améliorer les performances des réseaux sans fil. Parmi elles, la recherche sur la technologie des agents mobiles.

Le concept d'agent mobile propose d'utiliser la migration d'activité en supprimant cette contrainte de connexion constante. Ainsi, un agent mobile peut se déplacer dans un réseau de machines offrant des services pour réaliser une tâche complexe. Il est à noter, que la recherche sur la technologie d'agents mobiles peut être déployé selon deux axes :

- Un agent mobile peut s'exécuter au niveau application : par exemple, dans le commerce électronique (e-commerce), un agent exécute des applications de recherche d'information sur Internet au profit d'un usager.
- Un agent mobile peut s'exécuter au niveau contrôle : un exemple, la gestion des réseaux ou l'agent mobile peut être amené à rechercher et installer le pilote approprié pour un composant tel qu'une imprimante réseau.

C'est ce dernier point (c.à.d, l'exécution des agents mobiles pour la gestion des réseaux sans fil) qui fera l'objet de ce premier chapitre à travers lequel, nous essayerons de dégager l'intérêt que peut apporter cette technologie pour les réseaux sans fil de façon générale et pour les réseaux ad hoc de façon particulière.

II. Généralités sur les agents mobiles :

Le concept d'agent a connu de nombreuses utilisations en informatique notamment, dans le domaine de l' Intelligence Artificielle (I.A) :

- Les *systèmes multi-agents* provenant des domaines de la robotique et de l'intelligence artificielle qui proposent de structurer une application en différentes fonctions représentées chacune par un agent. Les différents agents coopèrent pour la résolution des problèmes de l'application.

- Les *agents d'interface* provenant des domaines de l'interface homme-machine et de l'intelligence artificielle qui essayent de simplifier la vie de l'utilisateur en automatisant des tâches réalisées couramment par l'observation des comportements répétitifs ou en surveillant des ressources comme le courrier électronique.

- Les *agents mobiles* provenant du domaine des réseaux dont l'objectif est la réalisation de tâches réparties sur un ensemble de machines interconnectées pour le compte d'un utilisateur ou d'une application **[PER 97]**.

Dans ce document nous nous intéressons à la définition du dernier point ci-dessus et dans cette optique nous présentons la définition d'agent proposée par *Beal* qui présente les caractéristiques d'un agent en terme d'exécution :

II.1 Notion d'agent :

Un agent est un programme informatique qui possède les quatre propriétés suivantes :

- **Autonomie** : un agent contrôle ses actions et son état interne.
- **Communication** : un agent peut communiquer avec d'autres agents.
- **Activité** : un agent est capable d'agir sur l'environnement dans lequel il se trouve.
- **Réactivité** : un agent perçoit l'environnement dans lequel il se trouve et peut répondre aux changements qui s'y produisent **[SAH 99]**.

II.2 Notion d'agent mobile :

L'expression « Agent Mobile » possède plusieurs significations dans la littérature, voici quelques-unes :

- C'est un agent intelligent qui <u>quitte</u> l'ordinateur de l'utilisateur pour s'exécuter sur un ou plusieurs ordinateurs distants et ramener éventuellement les renseignements recueillis vers l'ordinateur de l'utilisateur **[THO 97]**.

- C'est un programme qui peut se déplacer de manière autonome dans un réseau hétérogène et qui s'exécute de manière indépendante même lorsque l'utilisateur ou l'application qui l'a lancé n'est plus disponible (en raison de déconnexion ou autres) pour guider son exécution **[GRA 96]**.

L'utilisation d'un agent mobile permet, par exemple, de confier à un agent le repérage du produit désiré sur le Web et, éventuellement, d'effectuer une transaction d'achat par Internet, sans que l'internaute soit en ligne.

Le paradigme Agent Mobile (AM) n'a pas besoin d'une connexion réseau permanente car les connexions durent juste le temps d'injecter les agents depuis les terminaux mobiles dans le réseau. La figure1 illustre ce paradigme : un client donne une mission à un agent qui pour la réaliser se déplace dans le réseau de machines accédant localement aux services offerts par ces dernières.

On peut distinguer trois phases :

1. L'activation de l'agent mobile avec la description de sa mission;
2. L'exécution de la mission par l'agent qui se déplace pour accéder aux services;
3. La récupération éventuelle des résultats de l'agent mobile. **[PER 97]**

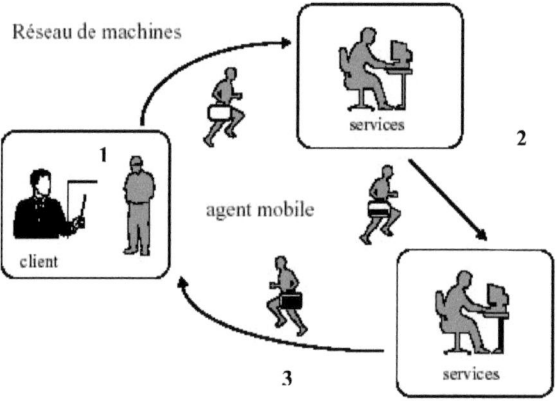

Figure1 : Paradigme Agents Mobiles.

Le mécanisme du paradigme Agent Mobile permet trois gains non négligeables :
1. La machine cliente n'est plus constamment en attente des résultats intermédiaires et peut se déconnecter ;
2. Une partie de l'application s'exécute dans le réseau et peut bénéficier des ressources importantes qui le constituent ;
3. L'activité s'exécutant dans le réseau peut se rapprocher des données réparties évitant le transfert de données sur le réseau. **[ZAF 04]**

II.3 Structure d'un agent mobile :

Une instance d'agent mobile comporte trois parties : des données, du code et un contexte d'exécution : **[SAH 99]**

- Les données sont les valeurs des paramètres définis par le modèle d'agent. Parmi les données d'un agent mobile, on retrouve son nom, son itinéraire, le programme de la tâche à exécuter, un dossier destiné à recevoir les résultats de l'exécution de ce dernier ;
- Le code met en œuvre les primitives d'accès aux valeurs des paramètres ;
- Le contexte d'exécution reflète l'état d'exécution courant de l'agent mobile (valeur des registres, pile d'exécution).

II.4 Classification des actions à distance :

Une action à distance résulte de l'exécution d'une portion de code sur un site cible. La classification des actions à distance nous permet d'introduire la notion de code mobile à partir de la migration séquentielle du code, ensuite de l'activité elle-même jusqu'à une migration totale qui inclus en plus les données et le contexte d'exécution.

On identifie trois modèles d'exécution répartie à partir de la question : *D'où vient le code de l'action et qui la réalise ?* [PER 97]

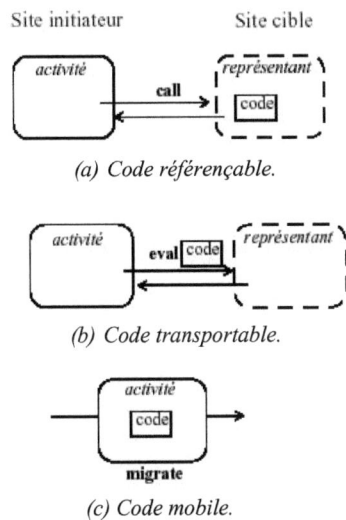

(a) *Code référençable.*

(b) *Code transportable.*

(c) *Code mobile.*

Figure 2 : Modèles d'exécution répartie.

- Le *code référençable* : l'activité envoie un message qui déclenche une action dont le code est déjà sur le site cible et qui est exécuté par un représentant distant (appel de procédure distante : RPC). Ce modèle est bien adapté à la réalisation d'interactions du type « Client-Serveur » où l'exécution du programme appelant (client) ne peut pas logiquement se poursuivre tant que l'exécution de la procédure appelée (serveur) n'est pas terminée. Les appels de procédures sont donc <u>synchrones</u> et la localisation de la procédure appelée peut être transparente ou non pour l'utilisateur (figure 2.a) ;

- Le *code transportable* : l'activité envoie un message qui déclenche une action dont le code est fourni par l'activité et qui est exécuté par un représentant distant; ce mécanisme aussi appelé évaluation à distance peut être exécuté de manière <u>synchrone</u> ou <u>asynchrone</u>. Il est utilisé pour des besoins d'équilibrage de charge dans les réseaux (figure 2.b) ;

- Le *code mobile* : l'activité se déplace sur le site cible et réalise elle-même l'action, ce mécanisme est totalement <u>asynchrone</u> et permet la déconnexion (figure 2.c) ;

II.5 Mobilité et migration :

Il faut différencier la migration d'activité, dans les systèmes répartis conçus pour les réseaux locaux, de la mobilité d'un agent dans les réseaux de grande envergure. **[BER 00] [ZAF 04]**

II.5.1 La migration d'activité :

La migration d'activité consiste à déplacer sur une machine distante une entité en cours d'exécution dans un but d'équilibrage de charge, de tolérance aux pannes ou de partage d'information :

1. La répartition de charge : il s'agit d'optimiser la ressource de calcul globale en jouant sur la charge des processeurs disponibles, on déplace une activité s'exécutant sur un processeur très chargé vers un processeur moins chargé.

2. La tolérance aux pannes : il s'agit de gérer les pannes en déplaçant les activités vers des processeurs de secours pour assurer une disponibilité constante des services.

3. Le partage d'information : le partage d'information entre activités réparties est mis en œuvre en déplaçant les activités vers la machine où les données sont en mémoire plutôt que de gérer la duplication des données dans plusieurs mémoires.

Dans ce type de mobilité c'est le système qui décide de la migration d'activité.

II.5.2 La mobilité du code ou de l'agent :

La différence du code mobile avec la migration d'activités « classique » est que c'est l'activité elle-même (le code ou l'agent) qui décide quand, pourquoi et où se déplacer.

Une fois migré sur un site distant, un agent mobile devient une entité autonome, qui peut, suivant l'exécution du code, se déplacer sur un autre site, accumuler des résultats, communiquer avec d'autres agents, signaler un évènement, etc., sans qu'une connexion permanente soit maintenue avec le site initial.

III. Avantages et motivations du code mobile :

La technologie du code mobile présente les avantages suivants: [THO 97]

- *En terme de minimisation du trafic réseau :* quand il y a des interactions répétées avec un site éloigné, il est plus efficace d'envoyer le processus (le calcul) sur le site éloigné que de lui transférer les données qui peuvent être très volumineuses. C'est le cas pour les applications de recherche d'information.

- *En terme de réduction d'espace de stockage :* charger le code à la demande plutôt que d'avoir à dupliquer tous les programmes sur tous les sites, réduit de façon significative l'espace total de stockage requis.

- *Pour les besoins de l'informatique nomade* : Les agents mobiles peuvent être utilisés pour la programmation d'applications destinées à un environnement informatique nomade, en particulier pour surmonter les problèmes de déconnexion des stations. En effet, un agent mobile peut s'exécuter dans le système même si la station mobile créatrice fonctionne en mode déconnecté après la migration d'agent vers d'autres sites. [ZAF 04]

IV. Les environnements d'exécution mobiles :

Les agents mobiles sont implémentés en utilisant la technologie du code mobile. La mise en œuvre du code mobile suppose [SAH 99], sur chaque site susceptible d'accueillir des agents mobiles, un support système pour l'exécution, la communication, la migration, et la prise en compte de la sécurité. Ce support système constitue ce qu'on appel un environnement d'exécution mobile (a Mobility FrameWork).

Un environnement d'exécution d'agents mobiles est constitué d'un ensemble de programmes statiques appelés « places ou agences », s'exécutant sur les sites du système susceptible d'accueillir des agents. Les places sont des programmes qui fournissent aux agents l'infrastructure de base pour leur exécution et leurs permettent de se déplacer. (Figure 3)

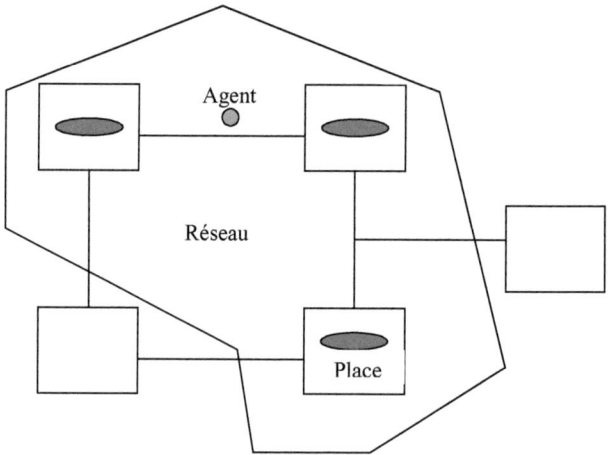

Figure 3 : Environnement d'exécution d'agents mobiles.

Les environnements d'exécution d'agents mobiles offrent plusieurs services de base permettant l'exécution d'un agent mobile sur un site. Ces services sont les suivants **[SAH 99]**:

- Création et exécution d'un agent mobile ;
- Réception de l'agent et activation de son code ;
- Communication entre agents mobiles : (communication entre deux agents, communication entre un agent et un groupe d'agents) ;
- Migration et accès aux ressources par les agents mobiles ;
- Traçage des agents mobiles en cours d'exécution ;
- Sécurité, les agents et les agences doivent être capables de se protéger contre les intrusions ; des mesures d'authentification et de protection doivent être appliquées. **[BER 02]**

Les services offerts par les environnements d'exécution d'agents mobiles doivent supporter les modèles d'agents mobiles qu'on retrouve dans la littérature informatique **[BIE 98]**. En plus des propriétés de base d'un agent (autonomie, communication, activité et réactivité), un agent possède les modèles suivants :

- **Un modèle de cycle de vie** : il nécessite des services pour créer, détruire, lancer, suspendre, stopper, …etc. un agent.
- **Un modèle d'exécution** : il détermine les capacités d'exécution d'un agent tel que la manipulation de données et les primitives de contrôle contre les menaces.
- **Un modèle de communication** : il nécessite des services de communication entre les agents.
- **Un modèle de sécurité** : il nécessite des services qui décrivent la manière avec laquelle les authentifications mutuelles (agents mobile / place) sont établies.
- **Un modèle de navigation** : il décrit la manière dont un agent est transporté (sans ou avec son état d'exécution) entre deux places.

IV.1 Les services pour l'exécution des agents mobiles :

IV.1.1 Création et exécution d'un agent :

La création d'un agent consiste à créer une instance d'agent sur une place donnée. Les données d'un agent sont initialisées lors de sa création. Une fois initialisé, l'agent peut commencer son exécution. L'exécution de l'agent consiste en l'exécution du code de la tâche qui lui est associée ; elle a pour effet de modifier ses données. Plusieurs agents peuvent s'exécuter en parallèle sur une place ; l'exécution d'un agent peut conduire à des accès aux ressources du site local et à des interactions avec d'autres agents. **[SAH 99]**

IV.1.2 Réception d'un agent et activation de son code :

Pour pouvoir s'exécuter sur un site, un agent doit être admis et des ressources doivent lui être allouées. Le support d'exécution doit permettre la réception de l'agent (code, état et attributs) et l'activation de son code ; il doit également prévoir la gestion des erreurs afin que le « propriétaire » (au sens large) de l'agent soit informé de la terminaison anormale de celui-ci. **[BER 00]**

La figure 4 illustre les différentes étapes par lesquelles un agent doit passer pour être admis sur une place d'un environnement d'exécution donné ; tout au long de ce processus un agent dans une place sera comparé par analogie à un client dans un hôtel: l'hôtel (dans notre cas, l'agence ou la place) offre une variété de services pour les clients (ici, les agents). [BER 02]

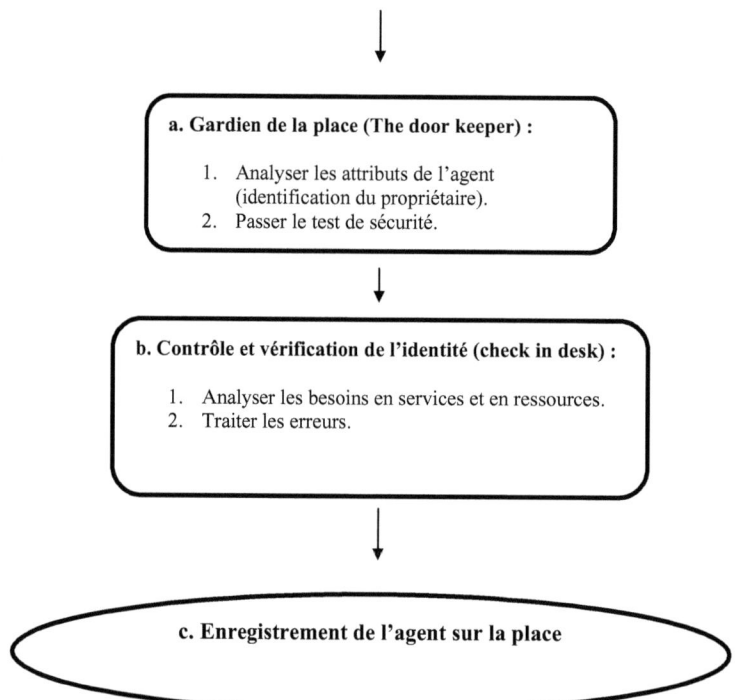

Figure 4 : Processus d'admission d'un agent mobile sur une place de l'environnement d'exécution.

a. Un agent arrivant sur une place doit être admis, ceci est la tâche du gardien de la place (The door keeper). Il reçoit l'agent selon un protocole donné et vérifie ces attributs pour un besoin de sécurité.

b. Si l'agent passe le test de sécurité avec succès, il sera remis au contrôleur, la principale tâche du contrôleur est l'allocation de chambre (ici, les ressources). Le contrôleur analyse les attributs de l'agent afin de lui assigner les ressources appropriées. Si les services et ressources de l'agence ne peuvent satisfaire les besoins de l'agent alors ce dernier sera rejeté et routé vers une autre agence.

c. La dernière tâche du contrôleur est d'enregistrer l'agent sur la place afin qu'il soit connu par tous les autres agents.

IV.1.3 Communication entre les agents mobiles :

Un agent peut avoir besoin de communiquer avec son propriétaire, avec d'autres agents (locaux ou distants) ou avec des services **[BER 02]** :

- Le propriétaire qui peut être lui aussi un agent ou une personne est en général identifié dans les attributs de l'agent reçu. Dans ce dernier cas, une adresse mail peut être attribuée au propriétaire et une communication asynchrone avec ce dernier est établie via e-mail ; ce type de communication est très approprié vu les déconnexions fréquentes. Les informations sur le propriétaire d'un agent sont très importantes dans les applications de shopping (e-commerce) ou les propriétaires doivent être identifiés afin de recevoir leurs factures d'achat.

- Du fait de la mobilité, la communication entre agents pose le problème du rendez-vous d'entités mobiles et nécessite des mécanismes de localisation, de notification et de traitement lors de la défaillance d'un ou de plusieurs agents en cours de communication. Une agence peut être vue comme un **bureau d'information** (information desk) auprès duquel tous les agents vont s'enregistrer suite au desk check. Le bureau d'information fournit des renseignements sur les agents locaux et garde trace de tous les services offerts par une agence ; il assure également une communication avec des bureaux d'information d'autres places afin de permettre une communication inter - agences entre les agents.

- La communication d'un agent avec un service sur la machine serveur distante est connue sous le vocable de communication d'un agent mobile avec un agent statique. Dans ce type de communication, une politique de décision doit être entreprise : soit, nous utilisons les mécanismes de communication standards tels que RPC ou l'invocation d'objet si le budget est réduit, soit, un agent est crée

13

pour réaliser cette interaction (création récursive d'agent). Tout d'abord, le déplacement d'un agent vers l'hôte serveur dépend des possibilités offertes par ce dernier (e.g est ce que l'hôte serveur supporte le langage de programmation de l'agent ?). En second lieu, les limitations de communication doivent être prises en considération : (e.g si le service nécessite un échange d'information important entre l'agent et le serveur alors, le déplacement vers le serveur serait intéressant. Par contre, si peu de paramètres sont échangés alors la communication distante serait plus adéquate). En fait, le choix d'une bonne politique de communication peut s'avérer une tâche complexe. Pour cela, les agences doivent fournir des services qui aident les agents dans leur choix de décision tel qu'un agent de contrôle et de localisation qui en recevant la requête de communication distante décidera du mode de communication approprié.

IV.1.4 Migration d'agent :

Le premier problème posé par la migration d'un agent est <u>la finesse de la capture de l'état d'exécution de ce dernier</u>. Pour cela deux types de mécanisme de mobilité ont été proposés dans les environnements d'agents mobiles : la mobilité forte et la mobilité faible. **[ZAF 04]**

- Pour une mobilité forte, le contexte d'exécution d'un agent est déplacé en même temps que son code et ses données vers la place de destination ; l'exécution de l'agent reprendra sur le site distant à l'instruction suivant immédiatement la primitive de migration dans le code.
  Il est à noter qu'une partie de l'état d'exécution est dépendante de la plate forme sur laquelle l'agent s'exécute (e.g les adresses des piles et les registres), ce qui veut dire que plusieurs migrations peuvent entraîner une information redondante. Il est préférable donc que l'agent efface les informations concernant sa plate-forme d'exécution lors de sa migration.
  Le choix de la destination d'un agent lors de sa migration peut être effectué selon deux méthodes : la plus simple est que l'agent établisse une liste statique de tous les hôtes qu'il devrait visiter et effectue sa migration en visitant les hôtes un par un. D'un autre côté, l'agent peut être plus intelligent et établit ces choix de manière dynamique. Une fois le choix de la destination effectué, des actions doivent être entreprises au niveau de la place émettrice : la place supprime

l'agent de sa liste d'agent locaux, le gardien de la place emballe l'agent (code, état, attributs) et l'envoi sur le réseau via des protocoles standards, le contrôleur peut libérer alors les ressources utilisées.

- En revanche, la mobilité faible représente la capacité d'un système de déplacer le code d'un agent accompagné seulement des données d'initialisation (et non de l'état complet) ; un nouveau contexte est bâti à l'aide de données initiales.

IV.1.5 Traçabilité :

Une fois lancé par une place, un agent s'exécute de manière asynchrone et autonome indépendamment de la place qui l'a lancé. Cependant, il peut être utile de disposer d'informations sur l'exécution de l'agent telles que par exemple la place sur laquelle se situe l'agent et l'état de l'agent. Il y'a donc besoin d'un service de traçabilité afin de fournir un historique sur les places visitées par un agent donné. Ce service peut aider dans les problèmes de localisation d'agents mobiles. **[SAH 99]**

IV.1.6 Sécurité :

La sécurité est un aspect important des environnements dans lesquelles les applications multi-agents s'exécutent. Comme il a été déjà cité, à la réception de l'agent le gardien de la place (the door keeper) exécute la tâche d'inspection ainsi tous les agents qui proviennent de sources douteuses ou à problèmes peuvent être rejetés. (Voir figure 4)

Le contrôleur (check in desk) vérifie l'identité des agents tout comme ces derniers peuvent vérifier la fiabilité et la qualité des services fournis par les places. En effet, durant une interaction la place doit pouvoir appliquer un contrôle pour l'accès à ces ressources, et doit également s'assurer de la bonne intention du demandeur ainsi, une authentification mutuelle s'avère essentielle. La conversation entre agents doit être aussi protégée contre un éventuel espionnage surtout dans les cas d'échange d'information confidentielle. **[BER 02]**

IV.2 Quelques environnements d'exécution mobiles :

Plusieurs environnements d'exécution ou plates formes à agents mobiles ont vu le jour, ces plates-formes appelées aussi langages du code mobile (MCLs) sont différent des autres langages ou middleware pour la programmation des systèmes distribués (par exemple CORBA) car ils modélisent explicitement le concept des environnements à exécution séparée et comment le code et les évaluations se déplacent dans ces environnements. Voici quelques exemples des MCLs les plus connus : **[CUG 98] [FUG 98]**

IV.2.1 Agent Tcl :

L'Agent Tcl, développé à l'Université de Darthmouth, contient un interpréteur Tcl étendu supportant la mobilité forte. Un script Tcl exécutable peut se déplacer d'un hôte à un autre avec une seule instruction *'jump'*. Un jump gèle le contexte du programme d'exécution et le transmet à un hôte différent qui exécute le script d'exécution par l'instruction qui suit le jump.

IV.2.2 Java :

Développé par Sun Microsystems, Java a capturé toute l'attention et les perspectives sur le code mobile. Le but d'origine pour les concepteurs du langage était de fournir un langage orienté objet portable, clair et facile à apprendre.

Un des facteurs clés du succès de Java est son intégration avec la technologie WWW (World Wide Web). Les classes Java, appelées « applets », peuvent être téléchargées avec des pages HTML pour permettre une présentation active de l'information et un accès interactif à un serveur.

IV.2.3 Telescript :

Développé par General Magic, Telescript est un langage orienté objet conçu pour le développement d'un large domaine d'applications distribuées. La sécurité, ajoutée à une concentration de mobilité forte a été un des facteurs clé dans la conception du langage. Les agents peuvent se déplacer en utilisant l'opération *'go'*, qui implémente le mécanisme de migration ou l'opération *'send'* qui utilise le mécanisme de clonage.

Des plates formes agents mobiles récentes existent aussi telles que : TACOMA, le système d'IBM Aglet, Rover, etc.

V. Les applications de la technologie du code mobile :

La technologie d'agents mobiles est principalement utilisée pour les besoins d'applications distribuées dans les réseaux à plates-formes mobiles. Le nombre d'applications du code mobile parait illimité mais la complexité de ces applications dépendra de la capacité qu'aura le code mobile à se protéger efficacement des machines hôtes et du réseau. Dans ce qui suit, il est décrit quelques domaines d'application : [FUG 98]

V.1 La reconstitution de l'information distribuée :

Les applications de reconstitution de l'information rassemblent l'information avec des critères spécifiques à partir d'informations sources dispersées dans le réseau. Par exemple, l'information à reconstituer peut concerner la liste de toutes les publications d'un auteur donné. Le code mobile peut améliorer efficacement cette tâche, par la migration du code qui exécute le processus de recherche à travers Internet.

V.2 Le commerce électronique :

Les applications du commerce électronique permettent aux utilisateurs d'exécuter des transactions commerciales à travers le réseau. L'environnement d'application est composé de différentes entités commerciales qui peuvent rechercher des informations, faire des achats, négocier, ou effectuer n'importe quelle action pour le compte de leur propriétaire. Telescript a été conçu explicitement pour supporter le commerce électronique. Pour cette raison, le terme agent mobile est souvent relié au commerce électronique.

V.3 Administration et surveillance des réseaux :

Un exemple d'application d'administration de réseau est l'installation d'un logiciel sur une machine du réseau par un agent : un agent Telescript peut être amener à transporter du code sur une machine distante, exécuter son installation puis disparaître. Un agent mobile peut être employé comme un agent de surveillance ou d'écoute sur un réseau.

V.4 Applicabilité aux réseaux à grande échelle et à l'informatique nomade :

De part leur autonomie, les agents mobiles ont le potentiel de fournir un paradigme de communication puissant, efficace et robuste, spécialement, quand les machines sont caractérisées par une connexion partielle au réseau tel que : Laptop, PDA, etc. Généralement, ces machines rencontrent les problèmes suivants :

1. Elles ne disposent pas d'une connexion permanente avec le réseau et passent souvent d'un état connecté, à un état déconnecté.
2. A l'état connecté, elles sont souvent caractérisées par une faible bande passante et un grand retard ce qui amène parfois à des échecs de transmission.
3. A cause de l'instabilité de leur état, les machines nomades souffrent d'une diminution de performances de connexion.
4. Elles doivent satisfaire toutes les conditions réseaux nécessaires tel que : le changement d'adressage IP à chaque nouvelle reconnexion.

Un des domaines émergeant et pour lequel cette technologie est très prometteuse est celui des réseaux mobiles ad hoc qui sont caractérisés par une absence d'infrastructure fixe pour la gestion et aussi par une connexion partielle parfois occasionnelle due à la mobilité fréquente des composants de ces réseaux. La question qui se pose est la suivante : Comment est ce que la technologie d'agents mobiles peut résoudre le problème des déconnexions fréquentes et la faible bande passante qui caractérisent les réseaux ad hoc ?

Les agents mobiles sont adéquats pour les réseaux ad hoc. En effet, un agent mobile peut migrer d'un ordinateur portable ou mobile et naviguer sur Internet pour collecter des informations nécessaires à l'utilisateur mobile. L'agent accède à la ressource qui contient les données de manière efficace puisqu'il se déplace vers l'emplacement exact dans le réseau au lieu d'exploiter la faible bande passante par des transferts de requêtes. De ce fait, ni l'utilisateur, ni l'agent n'est affecté par les pertes de connexions. De plus, l'agent peut continuer l'exécution de sa tâche même si l'énergie de la machine de l'utilisateur faiblit (comme dans le cas d'épuisement de batterie dans les réseaux ad hoc). Lors d'une éventuelle reconnexion, l'agent retourne vers la machine de l'utilisateur avec les résultats attendus. **[GRA 96]**

VI. Conclusion :

Nous avons présenté dans ce chapitre des généralités et des principes de base sur la technologie d'agents mobiles. Bien que cette technologie soit encore jeune et immature, son utilisation couvre, comme vu précédemment, un bon nombre de domaines surtout avec l'apparition de l'Internet et des réseaux à grande envergure qui nécessitent un flux d'informations continu.

Notre objectif est de montrer que la technologie d'agents mobiles peut améliorer la gestion d'applications dans l'informatique nomade, spécialement pour la gestion des réseaux mobiles ad hoc. Il a été décrit comment est ce que la propriété *d'autonomie* fournie par cette nouvelle technologie permettait d'asynchroniser les actions de l'utilisateur et les actions de l'agent, ce qui présente une solution pour les problèmes de déconnexions fréquentes et de faible bande passante qui caractérisent les réseaux mobiles ad hoc.

Le travail qui reste à faire, est de décrire comment est ce que la propriété de *mobilité d'agents* entre les nœuds mobiles, pourra permettre le passage d'une gestion distribuée dans les réseaux mobiles ad hoc vers une gestion centralisée.

Chapitre 2
« Les Réseaux Mobiles Ad Hoc »

I. Introduction :

L'essor des technologies sans fil, offre aujourd'hui de nouvelles perspectives dans le domaine des télécommunications. L'évolution récente des moyens de communication sans fil a permis la manipulation de l'information à travers des unités de calculs portables qui ont des caractéristiques particulières (une faible capacité de stockage, une source d'énergie autonome...etc.) et accèdent au réseau à travers une interface de communication sans fil. Comparant avec l'ancien environnement (l'environnement statique), le nouvel environnement résultant appelé *l'environnement mobile*, permet aux unités de calcul, une libre mobilité et ne pose donc aucune restriction sur la localisation des usagers. La mobilité (ou le nomadisme) engendre de nouvelles caractéristiques propres à l'environnement mobile : des déconnexions fréquentes et imprévisibles, un faible débit de communication, des ressources modestes, et des sources d'énergie limitées.

II. Les réseaux mobiles :

Un réseau mobile est un système composé de sites mobiles et qui permet à ses utilisateurs d'accéder à l'information indépendamment de leurs positions géographiques. Les réseaux mobiles ou sans fil, peuvent être classés en deux classes : **[LEM 00]**

- les réseaux avec infrastructure fixe
- et les réseaux sans infrastructure.

II.1 Réseaux avec infrastructure :

Les réseaux avec infrastructure fixe sont des réseaux structurés, basés sur des équipements d'interconnexion faisant office de ponts entre un réseau radio et un réseau câblé permettant ainsi à de nombreux utilisateurs mobiles d'accéder à des ressources informatiques.**[CN 04]**

Le modèle de système intégrant des sites mobiles est composé de deux ensembles d'entités distinctes : **[LEM 00]**

    1- Les "sites fixes" du réseau filaire (wired network).
    2- Les "sites mobiles" (wireless network).

Certains sites fixes, appelés Stations de Base (SB) sont munis d'une interface de communication sans fil pour la communication directe avec les sites ou Unités Mobiles (UM) localisées dans une zone géographique limitée appelée cellule, comme le montre la figure suivante :

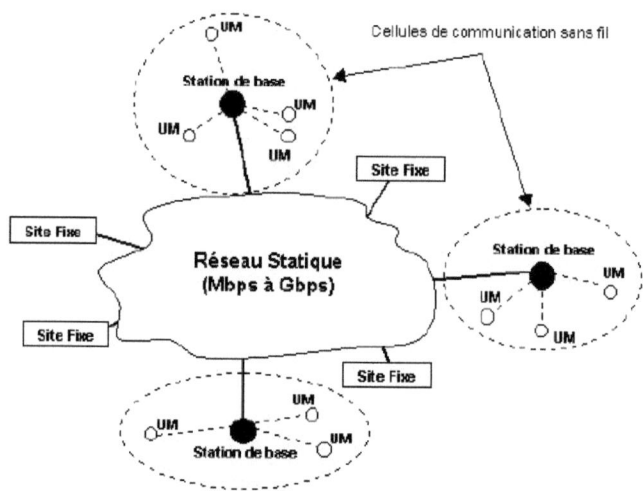

Figure 5 : Modèle de réseau mobile avec infrastructure.

A chaque station de base correspond une cellule à partir de laquelle des unités mobiles peuvent émettre et recevoir des messages. Une unité mobile ne peut être, à un instant donné, directement connectée qu'à une seule station de base ; elle peut communiquer avec les autres sites à travers la station à laquelle elle est directement rattachée.

Il existe plusieurs types de réseaux sans fil avec infrastructure [CN 04]:

II.1.1 Les réseaux sans fil locaux :

Les réseaux sans fil locaux pour terminaux mobiles, et en particulier les réseaux Wi-Fi[1], sont à la fois les plus répandus et les plus médiatisés à l'heure actuelle.
Le terme technique pour ces réseaux est WLAN (pour Wireless Local Area Network) par opposition à LAN (Local Area Network) qui désigne un réseau câblé traditionnel.

---

[1] Le Wi-Fi (Wireless Fidelity) est à l'origine un label garantissant la compatibilité des terminaux et des infrastructures basé sur la norme 802.11 entre tous les constructeurs. Aujourd'hui le terme Wi-Fi est devenu le nom commercial des systèmes fonctionnant avec le standard 802.11

Un WLAN est constitué de points d'accès équipés d'une antenne et d'une interface réseau sans fil. Les terminaux mobiles (PC portable, PDA…) équipés d'adaptateur réseau sans fil naviguent dans la zone de couverture du WLAN et restent connectés en permanence au réseau de l'entreprise sans contrainte physique. Ils accèdent ainsi au ressources informatiques situées sur les stations de travail standards : le seul changement vient du lien physique utilisé pour la connexion.

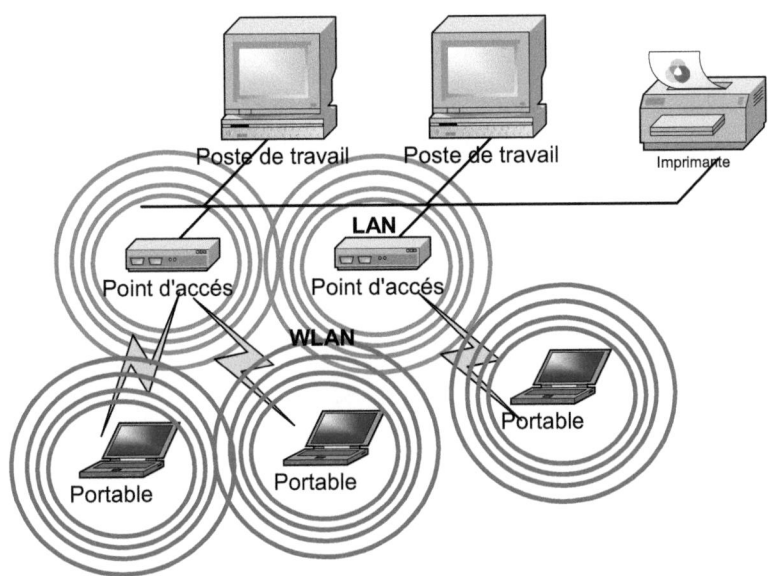

Figure 6 : Exemple de WLAN.

Pour rester dans le cadre d'un WLAN, il faut que le réseau respecte deux conditions :

- La zone de couverture utile doit être de l'ordre d'un bâtiment ou d'un site.
- L'infrastructure réseau utilisée doit être contrôlée par l'entreprise.

Selon leur vocation les WLAN peuvent être :

- **Des WLANs privés ou d'entreprise**. Par exemple, dans un hôpital, les médecins vont de chambre en chambre tout en accédant aux dossiers des patients en ligne et aux applications médicales depuis des PC portables.

- **Des WLANs publics ou hot-spots.** Par exemple, des hôtels, des aéroports ou des cybercafés mettent à la disposition de leurs clients un accès Internet sans fil.
- **Des WLANs domestiques.** Par exemple, un particulier forme un réseau sans fil pour connecter un ou plusieurs PC avec un accès Internet.

II.1.2 Les réseaux sans fil étendus :

Les réseaux sans fil étendus reposent exactement sur le même principe que les WLAN avec des zones de couverture nettement plus larges, allant de la ville au monde entier. Ils sont souvent basés sur des technologie télécoms (GSM, GPRS, UMTS...) ou des normes radio propriétaires.

On parle de WMANs (Wireless Metropolitan Area Network) ou de WWANs (Wireless Wide Area Network) selon les distances.

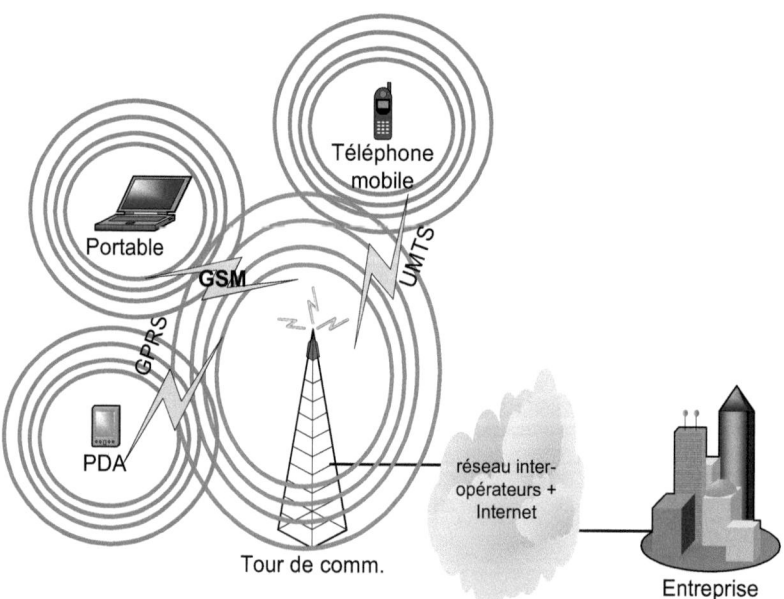

Figure 7 : Exemple de WWAN ou WMAN.

Dans les réseaux GSM par exemple, un grand nombre d'émetteurs récepteurs de faible puissance, disséminés à travers tout le territoire à couvrir (une ville, une région ou un pays) est utilisé. Chaque station offre une couverture de bonne qualité dans une zone restreinte, appelée "cellule", dont le rayon mesure quelques centaines de mètres à quelques kilomètres au maximum. On parle alors de "réseau cellulaire".

La configuration standard d'un système de communication cellulaire est un maillage de cellules hexagonales : **[LEM 00]**

Initialement, une région peut être couverte uniquement par une seule cellule. Quand la compétition devient importante pour l'allocation des canaux, la cellule est généralement divisée en sept cellules plus petites. Les cellules adjacentes dans le maillage doivent utiliser des fréquences différentes, contrairement à celles qui sont situées sur les côtés opposés du maillage et qui peuvent utiliser la même fréquence sans risque d'interférence.

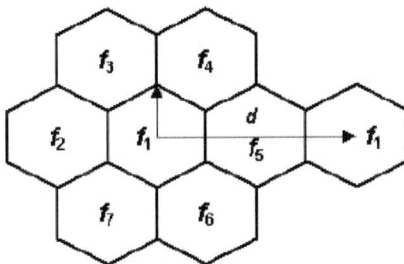

Figure 8 : Principe de réutilisation de fréquences.

II.2 Réseaux sans infrastructure ou Ad hoc :

Dans le modèle des réseaux sans infrastructure préexistante l'entité "site fixe" n'existe pas, tous les sites du réseau sont mobiles et communiquent d'une manière directe en utilisant leurs interfaces de communication sans fil. L'absence de l'infrastructure du réseau filaire composé des stations de base, oblige les unités mobiles à se comporter comme des routeurs qui participent à la découverte et la maintenance des chemins pour les autres hôtes du réseau. **[CN 04]**.

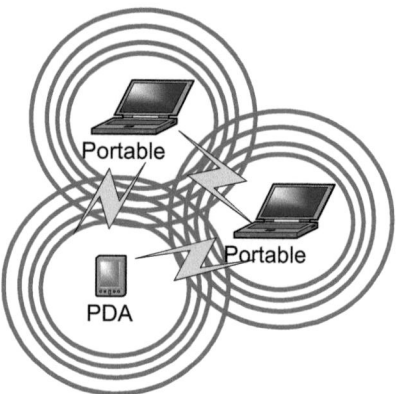

Figure 9 : Exemple d'un réseau ad hoc.

II.3 Avantages des réseaux sans fil :

Les réseaux sans fil peuvent exister en extrémité d'un réseau filaire classique comme Internet et doivent donc pouvoir communiquer avec des machines fixes d'un réseau filaire. L'intérêt est dans un premier temps de pouvoir assurer une connexion au réseau tout en permettant la mobilité de l'utilisateur. De plus, le câblage n'est plus nécessaire, ce qui représente un avantage certain dans de nombreux cas :

- Mise en place d'un réseau dans un bâtiment classé « monument historique » ;
- Mise en place d'un réseau de courte durée (chantiers, expositions, locaux loués, formations) ;
- Confort d'utilisation : tous les participants d'une réunion sont automatiquement interconnectés ;
- Gain en coût pour la mise en place d'un réseau dans tout bâtiment non préalablement câblé.

Outre la mobilité qui est l'avantage principal de cette technique, le prix peut également être un atout, puisqu'un peu d'électronique peut compenser un câblage manquant. **[GUI 02]**

III. Les réseaux mobiles Ad Hoc :

III.1 Historique :

Historiquement, les réseaux mobiles ad hoc ont été d'abord introduits pour l'amélioration des communications dans le domaine militaire. Dans ce contexte, il n'existe pas d'infrastructure existante pour relier les communications, vu la nature dynamique des opérations et des champs militaires.

Les premières applications dans les réseaux ad hoc sont apparues avec le projet PRNet (Packet Radio Network) **[FRE 01]** en 1972. Ce projet a été inspiré par l'efficacité de la technologie par commutation de paquets, le partage de la bande passante, le routage store-and-forward, et ses applications dans l'environnement mobile sans fil.

SURAN (Survivable Radio Networks) **[WES 84]** a été développé par la DARPA (The Defense Advanced Research Projects Agency) en 1983 pour dresser les principaux problèmes du projet PRNet dans le domaine de la scalabilité, la sécurité, la capacité de traitement et la gestion d'énergie. Les objectifs étaient de proposer des algorithmes qui peuvent supporter jusqu'à une dizaine de milliers de nœuds, tout en utilisant des mécanismes radio simples, avec une faible consommation d'énergie, et un faible coût. Ce travail a amené à la conception de la technologie LPR (Low-cost Packet Radio) **[FIF 87]** en 1987, dotée d'une couche radio DSSS (Direct Sequence Spread-Spectrum) avec un processeur pour la commutation de paquets intégré (Intel 8086). De plus, une famille de protocoles pour la gestion du réseau a été développée, et une topologie hiérarchique du réseau basée sur un clustering dynamique est utilisée pour remédier au problème de mise à l'échelle (scalabilité). Des améliorations pour l'adaptabilité de la couche radio, la sécurité et l'augmentation de la capacité ont été proposées.

L'évolution des infrastructures du réseau Internet et la révolution de la micro informatique ont permis de rendre faisables et applicables les idées initiales des réseaux radio de paquets. Le programme GloMo (Global Mobile) **[LEI 96]** initié par la DARPA en 1994 avait comme objectif de supporter les communications multimédia n'importe quand et n'importe où à travers des équipements sans fil.

Tactical Internet (IT) **[FRE 01]** est l'une des implémentations des réseaux sans fil ad hoc grandeur nature développée par l'armée américaine en 1997, utilisant des débits de plusieurs dizaines de kilobits par seconde.

Un autre déploiement a été réalisé en 1999, avec ELB ACTD (Extending the Littoral Battle-space Advanced Concept Technology Demonstration) qui permet de démontrer la faisabilité de concepts militaires pour les communications des bateaux en mer aux soldats sur la terre par l'intermédiaire d'un relais aérien ; une vingtaines de nœuds dans le réseau ont été considérés.

III.2 Définition des réseaux Ad Hoc :

Les réseaux mobiles « ad hoc », ou réseaux « spontanés », sont des réseaux radio sans infrastructure prédéfinie, aptes à se créer et à s'organiser dynamiquement quand plusieurs équipements se trouvent à portée radio les uns des autres. Ces réseaux ne disposent d'aucune infrastructure préexistante ou administration centralisée **[JOH 03]** ; n'importe quel outil mobile muni d'un microprocesseur peut potentiellement être un nœud d'un réseau ad hoc nous citons : les téléphones mobiles, les véhicules à moteur, les stations d'information sur route, les satellites, etc.

Une des principales caractéristiques de ces réseaux, appelés MANET, *Mobile Ad-hoc NETwork* (RFC 2501) **[MER 04]**, est qu'ils peuvent joindre ou quitter le réseau de façon dynamique. Par conséquent la topologie du réseau peut varier de manière rapide et surtout imprévisible.

Un réseau ad hoc peut être autonome ou connecté à une infrastructure fixe. La route entre un nœud source et un nœud destination peut impliquer plusieurs sauts sans fil, d'où l'appellation de « réseaux sans fil multi-sauts ».

Un nœud mobile peut communiquer directement avec un autre nœud s'il est dans sa portée de transmission. Au-delà de cette portée, les nœuds intermédiaires jouent le rôle de routeurs (relayeurs) pour relayer les messages saut par saut.

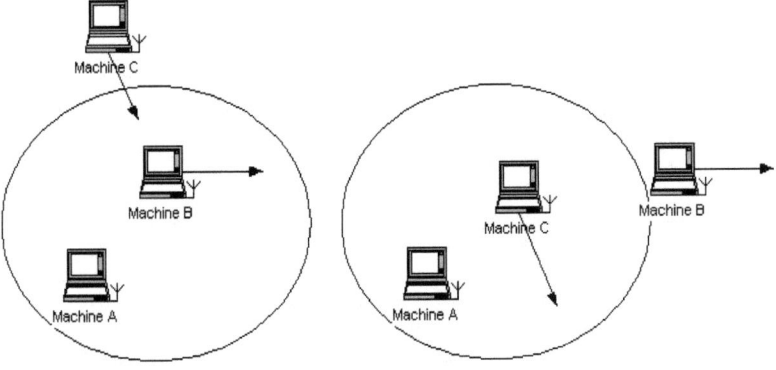

Figure 10: Principe du routage dans un réseau ad hoc.

Dans un premier temps ; la machine B est dans le rayon de diffusion de la machine A. Les machines A et B peuvent échanger des informations. Si la machine B devient mobile. Il faut, lorsque la machine B sort du rayon de diffusion de A, que la machine C serve de routeur pour conserver la liaison entre A et B.

III.3 Modélisation :

Un réseau Ad Hoc peut être modélisé par un graphe $G_t = (V_t, E_t)$ **[LEM 00]**. Où :

- V_t représente l'ensemble des nœuds (c'est-à-dire les unités ou les hôtes mobiles) du réseau
- E_t modélise l'ensemble des connexions qui existent entre ces nœuds.

Si $e = (u, v) \in E_t$, cela veut dire que les nœuds u et v sont en mesure de communiquer directement à l'instant t.

En pratique, chaque nœud peut informer son entourage de sa présence en envoyant des signaux - qu'on appelle « beacons » - à des intervalles de temps réguliers et peut éventuellement s'informer de la présence d'autres nœuds en écoutant les signaux émis par ces derniers. Si la transmission du signal d'un nœud donné s'arrête, cela veut dire que le nœud en question quitte le rang de transmission.

La figure suivante modélise un réseau Ad Hoc de 10 unités mobiles par un graphe :

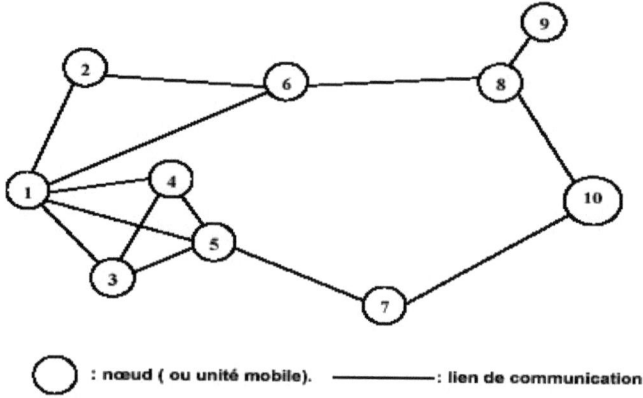

Figure 11 : Modélisation par graphe d'un réseau ad hoc.

La topologie du réseau peut changer à tout moment, elle est donc dynamique et imprévisible, ce qui fait que la déconnexion des unités est très fréquente. **[LEM 00]**

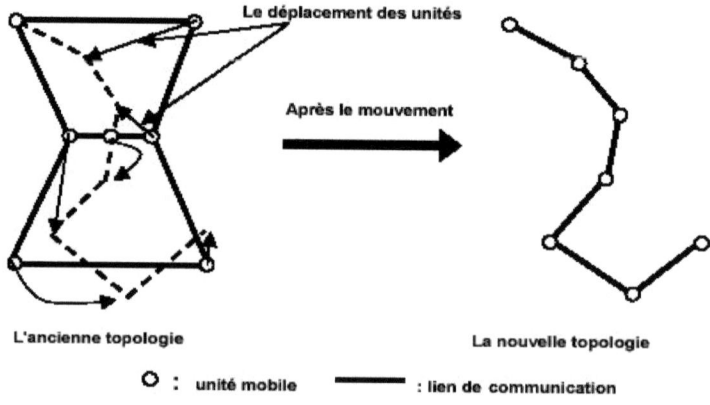

Figure 12 : Changement de topologie dans les réseaux ad hoc.

III.4 Caractéristiques des liens radio et des réseaux Ad Hoc :

Les réseaux ad hoc héritent des mêmes propriétés et problèmes liés aux réseaux sans fil. Particulièrement, le fait que le canal radio soit limité en terme de capacité, plus exposé aux pertes (comparé au médium filaire), et sujet à des variations dans le temps. Le canal radio utilisé lors des transmissions de données est confronté aux problèmes suivants **[DHO 03]** :

- **Un débit plus faible** par rapport à un équivalent filaire. Il faut donc que la gestion du réseau occupe une part la plus réduite possible des maigres ressources en bande passante.
- **Une atténuation rapide du signal en fonction de la distance** (bien plus rapide que sur un câble) qui induit l'impossibilité pour un émetteur de détecter une collision au moment même où il transmet. Ceci pose le problème *des stations cachées* (*Hidden node problem*) où deux transmetteurs qui n'arrivent pas à s'entendre essayent d'envoyer un message pour un même récepteur.
- **Des liens asymétriques (unidirectionnels)**, l'incapacité d'un nœud à détecter un signal étranger lorsqu'il veut émettre rend le médium radio half-duplex, ce qui signifie que l'on ne peut pas émettre et recevoir en même temps.
- **Des interférences**, les liens radio ne sont pas isolés, et le nombre de canaux disponibles est limité, il faut donc se les partager. Les interférences peuvent être de natures diverses. Par exemple, des émetteurs travaillant à des fréquences trop proches peuvent interférer entre eux. L'environnement lui-même peut également produire des bruits parasites (certains équipements électriques, certains moteurs, etc.) qui interfèrent avec les communications. De ce fait, le signal peut être déformé et devient rapidement incompréhensible.

D'autres caractéristiques spécifiques aux réseaux ad hoc conduisent à ajouter une complexité et des contraintes supplémentaires qui doivent être prises en compte lors de la conception des algorithmes et des protocoles réseaux, **[MER 04]** à savoir :

- **L'absence d'une infrastructure fixe** : chaque nœud travaille dans un environnement pair à pair distribué, et agit en tant que routeur pour relayer des communications. La gestion du réseau est ainsi distribuée sur l'ensemble des éléments du réseau.

- **La topologie dynamique** : la mobilité continue des nœuds crée des changements dynamiques de topologie. Pour les gérer, Les algorithmes de routage doivent prendre en charge en un temps limité la reconstruction des routes tout en minimisant l'overhead (surcharge) généré par les messages de contrôle.

- **L'hétérogénéité des nœuds** : un nœud mobile peut être équipé d'une ou plusieurs interfaces radio ayant des capacités de transmission variées et opérant dans des plages de fréquences différentes. Cette hétérogénéité de capacité peut engendrer des liens asymétriques dans le réseau. De plus, les nœuds peuvent avoir des différences en terme de capacité de traitement (CPU, mémoire), de logiciel, de taille (petit, grand) et de mobilité (lent, rapide). Dans ce cas, une adaptation dynamique des protocoles s'avère nécessaire pour supporter de telles situations.

- **La contrainte d'énergie** : Les équipements mobiles disposent de batteries limitées et par conséquent d'une durée de traitement réduite. Sachant qu'une partie de l'énergie est déjà consommée par la fonctionnalité du routage. Cela limite les services et les applications supportées par chaque nœud.

- **Une faible sécurité** : Dans les réseaux ad hoc, non seulement les données sont vulnérables comme dans tout réseau radio, mais, il en est de même pour le trafic de contrôle et de gestion du routage [DHO 03]. Les problématiques de la sécurité dans les réseaux ad hoc sont donc très complexes, puisque l'on cherche à autoriser de nouveaux mobiles à participer au réseau, tout en évitant des nœuds "malins" qui détourneraient ou perturberaient le fonctionnement d'applications telles que le routage.

III.5 Domaines d'applications :

Comme il a été déjà cité, les réseaux sans fil sont très utilisés lorsque les facteurs temps et coût sont mis en jeu. Due à leur déploiement rapide et économique, les réseaux ad hoc ont trouvé une utilisation dans plusieurs domaines d'application surtout les applications caractérisées par une absence (ou la non fiabilité) d'une infrastructure de câblage préexistante.

Les premières applications des réseaux ad hoc concernaient les communications et les opérations dans le domaine militaire. Cependant, avec l'avancement des recherches dans le domaine des réseaux et l'émergence des technologies sans fil (ex : Bluetooth, IEEE 802.11 et Hiperlan) ; d'autres applications civiles sont apparues. On distingue [MER 04] :

- **Les services d'urgence** : opération de recherche et de secours des personnes, tremblement de terre, feux, inondation, dans le but de remplacer l'infrastructure filaire,
- **Le travail collaboratif et les communications dans des entreprises ou bâtiments** : dans le cadre d'une réunion ou d'une conférence par exemple,
- **Home network** : partage d'applications et communications des équipements mobiles,
- **Applications commerciales** : pour un paiement électronique distant (taxi) ou pour l'accès mobile à l'Internet, où service de guide en fonction de la position de l'utilisateur,
- **Réseaux de capteurs**: pour des applications environnementales (climat, activité de la terre, suivi des mouvements des animaux, ...etc.) ou domestiques (contrôle des équipements à distance),
- **Réseaux en mouvement** : informatique embarquée et véhicules communicants,

IV. Contrôle de topologie dans les réseaux ad hoc :

En raison de la mobilité inhérente dans l'environnement ad hoc, la topologie du réseau joue un rôle principal dans le fonctionnement des protocoles de routage, sur la capacité ainsi que sur la performance du réseau d'une manière générale. Le contrôle de topologie dans les réseaux ad hoc est un domaine de recherche récent. Il vise à maintenir une topologie adéquate en maîtrisant les liens à inclure dans le réseau. Le but est d'atteindre un ensemble d'objectifs comme : réduire les interférences, réduire la consommation d'énergie ou augmenter la capacité efficace du réseau.

Dans notre cas, nous allons nous intéresser au contrôle de topologie selon les techniques de *Clustering*. Ces dernières, sont basées sur l'utilisation d'un sous-ensemble de nœuds du réseau pour servir de « *cluster head* » (nœuds chefs) dotés de fonctionnalités additionnelles. Souvent appelées « Cluster Based Protocol », ces approches consistent à élire un ensemble de *cluster heads*, où chaque nœud mobile est associé à un *cluster head*. **[MER 04]**

L'élection permet de réduire la maintenance de la topologie dans les réseaux ad hoc. Cependant, elle a un impact négatif sur les *cluster heads*, parce que ces derniers consomment leur énergie plus rapidement qu'un nœud classique. Une solution est de considérer l'équilibrage de charge dans l'algorithme d'élection.

Le but de telles approches est de réduire la surcharge additionnelle du réseau, la complexité de la maintenance, et de simplifier des fonctions essentielles comme : le routage, le contrôle de puissance, la sécurité,...etc.

IV.1 Clustering dans les réseaux mobiles ad hoc:

IV.1.1 Définition :

Un *Cluster* est un groupe de nœuds. Le principe de *Clustering* est de partitionner le réseau en regroupant des nœuds proches géographiquement en *Clusters*. **[XHG 95]**
Chaque *Cluster* est identifié par un nœud tête appelé *«Cluster Head»*. Les c*luster heads* sont les nœuds dominant dans le réseau, ils ont la responsabilité de router les messages aux éléments de leurs groupes et aux autres *cluster heads* du réseau. Ainsi, un réseau ad hoc peut être représenté de manière logique comme étant un ensemble de *Clusters* où chaque c*luster* est identifié par une tête qui a le rôle d'une station de base et dont l'ensemble constitue la colonne vertébrale virtuelle du réseau.

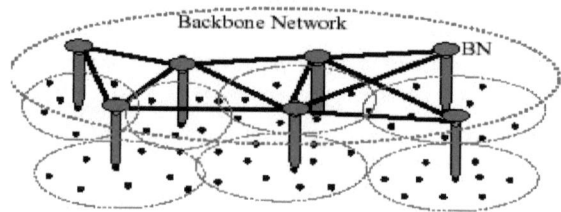

Figure 13 : Illustration d'une colonne vertébrale dans un réseau ad hoc.

En général, l'élection des NBs (Nodes Backbone) se fait dans un réseau où tous les nœuds ont une même puissance de transmission radio. Cela dit, quelques recherches récentes ont montré que la construction d'un niveau hiérarchique physique (des NBs ayans des capacités supérieures à celles des nœuds ordinaires du réseau) dans les réseaux ad hoc est une méthode très prometteuse pour un bon passage à l'échelle.

IV.1.2 Motivation de l'utilisation des Clusters dans les réseaux mobiles ad hoc :

Dans les réseaux ad hoc, quand un nœud envoie un message à un autre, ce dernier peut transiter par un ensemble de sites voir tout le réseau, pour arriver à destination. Plusieurs problèmes surgissent suite à ce type de communication :

- Une inondation dans le réseau ;
- Une communication non efficace (coût élevé) ;
- Un épuisement de la batterie inutilement ;
- Passage à l'échelle.

Afin de résoudre ces problèmes, le concept de «*Clusters*» a été introduit. Le routage avec les *Clusters* se fait de la manière suivante : chaque nœud envoie le message à son chef (*Cluster Head*) qui le transmet à destination s'il est du même groupe. Dans le cas contraire, il le livre au *Cluster Head* du nœud destinataire. **[JOH 03]**

Les *Cluster Heads* peuvent être utilisés pour **[MER 04]**:

- Contrôler l'ordonnancement du canal,
- Contrôler la consommation d'énergie,
- Améliorer le temps de réponse des requêtes,

Un des buts du *Clustering* est la maintenance des informations de la topologie du réseau, la réduction de l'overhead, la réduction de la consommation d'énergie et l'amélioration de la bande passante du réseau (capacité des liens sans fil).

IV.1.3 Techniques de Clustering :

Dans les réseaux filaires, Kleinrock et Kamoun **[KLE 77]** ont étudié une approche de routage hiérarchique dans le but de réduire la taille de la table de routage qui est fonction de la structure de *Clustering* utilisé. Dans les réseaux mobiles ad hoc **Linked Cluster Architecture (LCA)** **[BAK 81]** est un des premiers travaux sur le *Clustering*. Cette heuristique assigne un identificateur unique à chaque nœud et choisit le nœud avec le plus petit identificateur comme *Cluster Head*. Plus tard, la LCA heuristique à été améliorée **Linked Clustering Algorithme 2 (LCA2)** dans le but de <u>diminuer le nombre de C*luster Heads* produit dans l'heuristique originale</u>.

Le chercheur M.Gerla et son équipe ont développé plusieurs protocoles de *Clustering* **[CHI 97] [GER 00] [GET 95] [LIN 97]**. Dans ces approches, le *Clustering* consiste à classifier les nœuds du réseau d'une manière hiérarchique en classes équivalentes suivant certains paramètres : adresse, zone géographique, . . . etc.

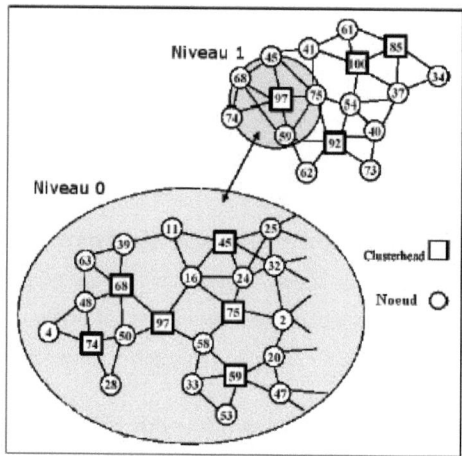

Figure 14 : Méthode de *Clustering* dans les réseaux ad hoc.

Un algorithme de *Clustering* est basé sur les étapes suivantes **[MER 04]** :

- **Formation (élection) des *Cluster Heads*** : le réseau est ainsi divisé en plusieurs *Clusters*, la phase d'élection ou la « cluster set up phase » utilise des heuristiques comme le plus grand, le plus petit identificateur dans le voisinage **[BAK 81]**, le degré de connectivité **[GER 95]**, la zone géographique, la puissance de transmission ou la vitesse de déplacement (ex : utiliser les nœuds les moins mobiles), ou bien en utilisant un critère de poids pour chaque nœud qui représente une combinaison des derniers attributs **[CHA 02]**.

- **Communication entre les *Cluster Heads*** : Dans un *Cluster*, chaque deux nœuds sont à deux sauts de distance entre eux. De plus, comme les *Cluster Heads* ne sont pas directement reliés, des nœuds passerelles sont aussi élus et utilisés pour les communications entre *Cluster Heads*.

- **Maintenance des *Cluster Heads*** : Dans le but de s'adapter aux changements de topologie fréquents dans le réseau, une mise à jour des *Cluster Heads* élus est dynamiquement réalisée.

Ci-dessous, nous présentons un tableau qui résume les caractéristiques des principales heuristiques rencontrées dans la littérature :

Heuristique	Propriétés	Puissances	Faiblesses
The Lowest-ID Heuristic (LCA) [BAK 81]	- La sélection des cluster heads est basée sur le plus petit identificateur.	- Rapide et simple. - Des clusters relativement stables.	- Epuisement de la batterie vu que les nœuds avec le plus petit ID risquent de rester cluster head pour une longue durée de vie.
The Highest-Degree Heuristic [GER 95]	- Semblable à LCA sauf que l'élection des cluster heads est basée sur le degré du nœud. (son voisinage)	- Satisfait au mieux le critère de stabilité.	-Taille des clusters non limitée, ce qui dégrade les performances du système.
Max-Min d Clusters [AMI 00]	- Forme des clusters avec un diamètre $d >= 1$ constant en se basant sur des séquences de flux entre les nœuds.	- Des clusters larges et stables.	- Flux de trafic important.
The Passive Clustering [GER 00]	-Une nouvelle règle d'élection de cluster heads non basée sur la notion de poids nommée FDW (First Declaration Wins).	- Il s'exécute uniquement lors d'une transmission de données. - Il ne requiert pas de reclustering pour satisfaire d'autres critères lors de changement de topologie.	- Il ne peut pas gérer un flux continu de transmission.
WCA : Weitghted Clustering Algorithme[CHA 02]	- Heuristique à effet combiné : degré idéal, puissance de transmission, mobilité et énergie des batteries.	-Technique flexible. -Elle s'exécute à la demande.	-Temps CPU important.

Tableau 1: Tableau comparatif des heuristiques de *clustering* dans la littérature.

IV.1.4 Clustering multi niveau (hiérarchique) :

Le *clustering* hiérarchique adopte le même principe que le *clustering* classique en assignant dynamiquement des *clusters ID* avec plusieurs niveaux de *clustering* **[MER 04]**. En général, ces techniques s'exécutent sur des réseaux ad hoc non homogènes. Un cluster peut dynamiquement se fusionner ou s'éclater en fonction du nombre de nœuds. Cependant, vu la difficulté de prévoir le temps nécessaire pour propager les messages de contrôle de *clustering* à travers les nœuds, et le grand temps de convergence de l'algorithme de *clustering*, ce type d'approche dégrade rapidement les performances du réseau, vu le trafic additionnel nécessaire pour la maintenance des informations de topologie. Ajoutons à cela la difficulté et la complexité d'implémentation dans un cas réel.

Les deux plus récentes heuristiques dans ce type de *clustering* sont :

- **MBNP (Mobile Backbone Protocol)**, ce protocole a comme objectif la construction d'une colonne vertébrale mobile pour le réseau. Il utilise un mécanisme d'élection des BNs (Backbone Node) parmi les BCNs (Backbone Capable Node) et reconvertis les BNs en BCNs à nouveau, dans le but de réduire le nombre de BN actifs pour optimiser les ressources et l'énergie. La conversion de BCNs en BNs est utilisée pour construire le cœur du réseau et fournir une connectivité désirée. On distingue deux types de nœuds mobiles : les nœuds réguliers qui disposent d'une capacité de communication et de traitement limitée et les nœuds BCNs, à partir desquels les BNs sont élus, et qui ont des ressources importantes et utilisent plusieurs modules radio. Les BNs sont élus afin d'assurer des objectifs de qualité de service. **[RUB 03]**

- Une approche plus récente, est le système **MMWN (Multihop Mobile Wireless Networks)**. Le système divise les nœuds en nœuds commutateurs (switchs) et nœuds finaux, où seulement les switchs peuvent servir de routeurs de paquets. Un réseau ad hoc est un cas spécial où tous les nœuds sont des commutateurs. Chaque point final est associé à exactement un commutateur et les commutateurs sont groupés ensemble pour former des clusters. **[RAM 98]**

IV.2 Maintenance des liens de groupe consistants dans les réseaux mobiles ad hoc : (Consistent groupe memebership)

Dans les réseaux ad hoc organisés en clusters, la plupart des métriques pour mesurer les performances, sont liées aux fréquences de réorganisation des groupes. Les deux facteurs à prendre en considération dans ce cas sont : la mobilité des nœuds en particulier, les chefs de groupe (cluster heads) et l'overhead (dépassement de la taille des tables de routage, de la capacité de traitement et de transmission) **[SIV 05]** et **[GER 95]**. Pour cela, une information fraîche sur le voisinage doit être disponible au niveau de chaque nœud mobile afin d'assurer une bonne maintenance des liens de groupe dans le réseau.

Rappelons que notre objectif est la conception d'un protocole centralisé dans lequel un serveur mobile multi agents sera dédié à la gestion et au contrôle d'applications telle que le routage. La maintenance des liens entre les nœuds de ce serveur est un point important pour la réalisation de cette solution. Dans le cas d'un remplacement, les liens à inclure doivent satisfaire la condition de consistance afin que toute communication intra serveur puisse s'établir correctement. Dans ce qui suit nous allons présenter une technique de maintenance des liens de groupes consistants proposée par G.Roman, Q. Huang et A. Hazemi de l'université de Washignton. **[ROM 01]**

IV.2.1 Formalisation du problème :

Comme déjà vu, un réseau ad hoc peut être modélisé par un graphe. Soit, $C_0 = G_t$ (V_t, E_{0t}) un graphe modélisant un réseau ad hoc où V_t désigne l'ensemble des nœuds mobiles et E_t l'ensemble des liens de communication bidirectionnels entre les nœuds. La présence d'un lien (u, v) dans le graphe indique que l'hôte u se trouve dans le même rang de transmission que l'hôte v, et vice versa.

A cause de la mobilité, le graphe C_0 change à travers le temps ; le graphe C_0 est nommé le graphe des connexions physiques (The physical Connectivity Graph). En pratique, chaque hôte peut informer son entourage de sa présence en envoyant des signaux - qu'on appelle beacons - à des intervalles de temps réguliers et peut éventuellement s'informer de la présence d'autres hôtes en écoutant les signaux émis par ces derniers. Si la transmission du signal d'un nœud donnée s'arrête ou s'affaiblit en terme de puissance, cela veut dire que le nœud en question quitte le rang de transmission.

Vu la présence de déconnexions imprévisibles de liens, la maintenance d'une image précise du graphe C_0 à travers le temps s'avère impossible et de ce fait la notion de graphe de connexions logique est introduite (The logical connectivity Graph). Ce graphe est noté : $C = G_t (V_t, E_t)$, c'est un sous graphe du graphe C_0. Les deux graphes partagent le même nombre d'hôtes V, cependant, le nombre de liens dans C est toujours inférieur ou égal au nombre de liens dans le graphe C_0. Le choix des liens qui doivent rester dans C est déterminé par des politiques désignées pour pallier au problème de déconnexions imprévisibles dans le graphe physique.

Un groupe de nœuds G est défini comme étant le plus grand sous graphe de nœuds connectés dans le graphe C. Autrement dit, le graphe logique C est toujours partitionné en un ensemble de groupes déconnectés.

La politique de gestion de groupe doit pouvoir ajouter un nouveau lien au graphe logique C, après son apparition dans le graphe physique C_0 et retirer un lien du graphe logique C, avant qu'il ne soit susceptible de disparaître du graphe physique.

Le problème de maintenance de groupe est défini comme étant le besoin de chaque hôte dans le graphe de connexions logiques C de connaître quels autres hôtes sont aussi membres de son groupe, avec la condition de consistance c.à.d que cette information doit être connue par tous les nœuds du groupe et à n'importe quel moment. Les conditions suivantes sont alors supposées :

1. Une libre mobilité, chaque nœud peut se déplacer à n'importe quel moment et dans n'importe quelle direction à une vitesse qui ne doit dépasser la limite V_{max}.
2. Le routage entre les nœuds existe et le délai de transmission des messages est limité à T_d (c.à.d si un chemin physique existe entre la source et la destination alors le message est toujours transmis à un temps inférieur ou égal à T_d).
3. Aucun message entre les nœuds d'un même groupe n'est perdu.
4. Tous les messages sont envoyés et transmis dans une même configuration. (pas d'envoi de message au cours d'une opération de fusion ou d'éclatement de groupe).

IV.2.2 La maintenance de liens consistants entre les groupes :

La solution pour la maintenance de liens consistants entre les groupes d'un réseau ad hoc proposée dans **[ROM 01]** repose sur les deux points suivants :

Chapitre 2. Les Réseaux Mobiles Ad Hoc

1. Un protocole de découverte de groupe qui renseigne sur le voisinage ;
2. Un protocole de reconfiguration qui fusionne les groupes qui sont en contact et qui procède à l'éclatement des groupes dont lesquels des déconnexions sont susceptibles de se produire ; ce dernier se base sur la notion de la distance saine « *safe distance* » inter et intra groupe.

A. Le concept de la distance saine :

Soient deux hôtes mobiles équipés de transmetteurs mobiles compatibles d'un rang de transmission égale à R, on dit que la distance entre ces deux hôtes est <u>saine</u> si elle n'excède pas le seuil $r(v, t, t')$ qui représente la distance maximale avec laquelle n'importe quelle communication qui dure t unité de temps $(t <= T_d)$ peut s'établir de manière certaine en sachant que la vitesse de l'hôte ne dépasse pas ($v = V_{max}$) et le temps de changement de configuration ne dépasse pas t'.

En fait, la distance saine ne peut être définie de manière absolue, elle est relative au contexte d'exécution et dépend de certaines caractéristiques de la mobilité. Par exemple, dans la figure 15(a), les hôtes mobiles a et b sont dans un même rang de transmission R. Cependant, ils ne peuvent se joindre dans un même groupe si on doit assurer la garantie de la délivrance des messages dans le groupe. En effet, a et b peuvent quitter leur rang de transmission de manière immédiate et la délivrance des messages ne peut se faire de manière fiable, donc il y a risque que l'information entre les membres du groupe ne soit plus consistante.

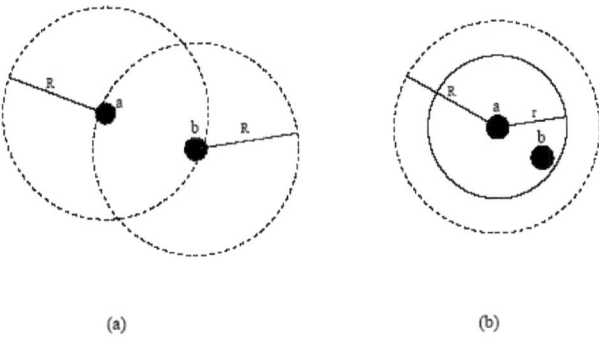

(a) (b)

Figure 15 : Concept de Distance Saine (The Safe Distance).

L'appartenance de l'hôte *a* et *b* à un même groupe n'est accordée que si les deux hôtes sont assez proches c.à.d qu'ils sont à une distance **[ROM 01]** :

$$r = R - 2v * (t + t')$$

Où :

- *t* : est le délai maximum de la transmission fiable des messages (assure la consistance).
- *t'* : est le temps nécessaire pour l'accomplissement d'une opération de configuration (fusion ou éclatement).
- *2v* : est pour le cas extrême c.à.d la situation dans laquelle les hôtes *a* et *b* se déplacent avec une vitesse maximale dans des directions complètements opposées.

Avec ces conditions, la garantie de la bonne réception des messages transmis entre *a* et *b* est assurée puisque cela consommerait plus que *(t + t')* aux deux hôtes *a* et *b* d'être physiquement déconnectés.

La notion de distance saine peut s'étendre aux groupes. Deux groupes sont à une distance saine l'un de l'autre si la distance entre au moins deux hôtes dans chaque groupe est saine. Le concept de la distance saine est utilisé pour déclencher les opérations de fusion et d'éclatement dans le but d'assurer la consistance des liens entre les membres d'un groupe donné.

Pour pouvoir utiliser le concept de la distance saine, chaque hôte doit avoir des connaissances sur son voisinage. Du moment que cela causerait un trafic important, les hôtes doivent alors désigner <u>un cluster head ou un chef</u> afin de localiser les hôtes dans le voisinage. Pour cela, tous les hôtes d'un groupe vont émettre de manière périodique leur emplacement au leader qui va procéder à la vérification de la distance saine et éventuellement détecter de nouveaux hôtes dans le voisinage.

B. Le protocole de découverte de groupe :

Pour qu'un hôte mobile se joigne à un groupe, où pour qu'un groupe fusionne avec un autre groupe, il faut qu'il sache qui est présent dans son entourage. Le protocole de découverte de groupe assure cette fonctionnalité en se basant sur le concept de la distance saine. Les hôtes de chaque groupe utilisent ce protocole pour identifier quels sont les hôtes qui sont assez proches pour une opération de fusion et les reportent au cluster head.

Dans ce qui suit, il est supposé, que chaque hôte mobile à un identificateur unique *(id)* et ne peut appartenir qu'à un seul groupe ; l'identificateur du cluster head est utilisé comme identificateur du group *(gid)*. Une configuration à un instant donné est identifiée par un numéro unique.

Le protocole de découverte de groupe nécessite que chaque hôte diffuse périodiquement des messages « Hello » qui contiennent son emplacement *(x, y)* et l'identificateur de son groupe *(gid)*. Quand deux groupes sont assez proches l'un de l'autre, les membres de chaque groupe commencent à recevoir des messages « Hello ». Lorsque l'hôte *u* reçoit un message « Hello », il vérifie l'emplacement et le *(gid)* de l'hôte émetteur *v*. Si *v* appartient à un autre groupe que celui de *u* et se trouve à une distance saine de celui-ci, alors *u* transmet cette information à son cluster head qui va procéder à l'opération de fusion. Le protocole de découverte de groupe permet aux leaders de groupes de maintenir une liste de tous les groupes qui sont assez proches pour une opération de fusion.

C. Le protocole de reconfiguration :

Le protocole de reconfiguration représente la couche clé du service de maintenance des liens de groupes. Il a pour but de fusionner les groupes qui sont en contact et procéder à l'éclatement des groupes qui ne peuvent plus rester à proximité. L'opération de fusion commence par des négociations entre les cluster heads des groupes qui sont en contact. Arrivé à un accord, un leader responsable de l'opération de fusion est désigné et tous les hôtes concernés reçoivent une notification formelle sur le changement de configuration.

C.1 La fusion de groupe :

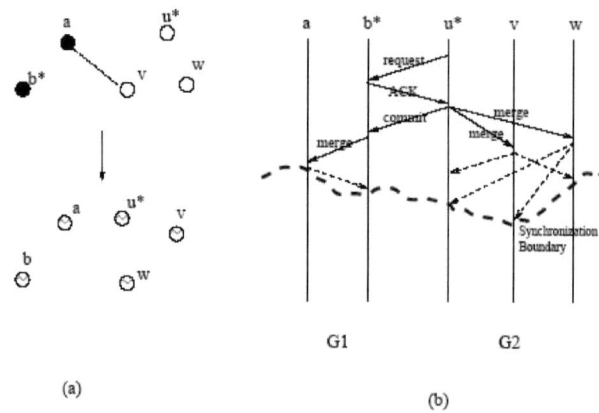

Figure 16 : Opération de fusion de groupes.

La figure 16 (a) illustre le processus de fusion entre deux groupes, G1 et G2. G1 contient les hôtes *a* et *b* dont *b* est le cluster head.G2 contient les hôtes *u, v et w* dont *u* est le cluster head.

Si le noeud *u* constate que G1 est dans son voisinage proche via l'information qui lui est transmise par *v* grâce au protocole de découverte de groupe, alors ce dernier initie les négociations avec l'hôte *b* (leader du groupe G1) en lui envoyant une demande de fusion (*a merge request*). Si *b* est d'accord, il envoie à *u* un accusé de réception (ACK), accompagné de la liste des membres de son groupe ainsi que du numéro de configuration. Dans le cas contraire (Si b s'est déjà investi dans une opération de configuration), il envoie un accusé négatif (NACK) ce qui va obliger l'hôte *u* à annuler l'opération de fusion avec G1.

Si *u* reçoit un ACK de b, comme dans la figure 15(b), alors il génère un nouveau numéro de configuration (le plus grand numéro des deux configurations précédentes incrémentée d'un) pour indiquer un changement de configuration. Par la suite, le nœud *u* envoie une invitation de fusion (a *merge commit*) à *b* et un ordre de fusion (a *merge order*) aux hôtes de son groupe (G2) accompagné d'une nouvelle liste des membres de groupe qui inclue les membres de G1 et G2. Il envoie aussi le nouveau numéro de configuration ainsi que l'identité du nouveau leader. Après la réception du (*merge commit*), l'hôte b envoie à son tour un *merge order* aux membres de son groupe.

44

Il est possible que *u* et *b* initient l'opération de fusion en même temps, dans ce cas, on utilise l'identificateur d'hôte pour trancher sur l'identité de celui qui coordonne la fusion ; l'hôte qui a le plus petit identificateur annule sa requête de fusion lors d'une éventuelle collision.

C.2 **L'éclatement de groupe** :

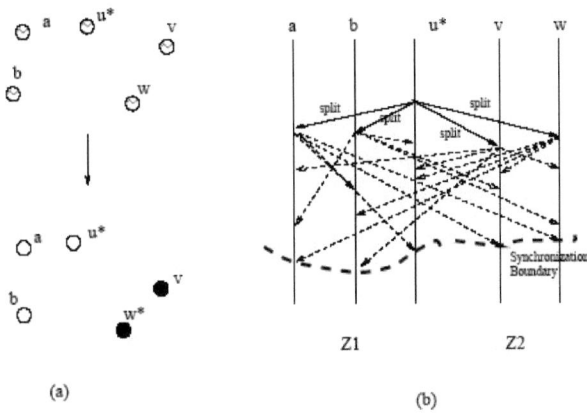

Figure 17 : Opération d'éclatement de groupes.

La figure 17 illustre le processus d'éclatement ou de partition de groupes. Si les deux sous-groupes du groupe G (Z1 et Z2) s'éloignent l'un de l'autre, alors dès que le cluster head *u* constate que la configuration du groupe n'est plus saine (dépassement de la distance saine entre les membres du groupe), il envoi un ordre d'éclatement (a *split order*) à tous les membres du groupe. Le *split order* est composé de trois champs : (1) l'identificateur *(gid)* du nouveau cluster head de l'hôte destinataire, (2) la nouvelle liste des membres du groupe de l'hôte destinataire, (3) le numéro de la nouvelle configuration. Le cluster head de chaque sous-groupe est déterminé arbitrairement par *u* ; une fois que le message (*split order*) est reçu par chaque hôte, l'opération d'éclatement de groupe peut être exécutée.

V. Conclusion :

Les réseaux ad hoc font partie d'un domaine de recherche qui n'a pris son essor que très récemment. Le facteur qui a déclenché cet intérêt fut l'arrivée de technologies relativement bon marché qui ont favorisé la conception et le déploiement de tels réseaux. Avant cela, ce domaine était réservé aux militaires qui disposent de moyens tout autres.

A travers ce chapitre, nous avons présenté des généralités sur les liens et les réseaux sans fil, en particulier les réseaux ad hoc qui possèdent d'intéressantes caractéristiques comparés aux réseaux cellulaires ; à cause de l'absence d'infrastructure et des contraintes de connexion, ils peuvent s'implémenter à la demande et gèrent les changements de topologie imprévus. Ce sont des réseaux peu coûteux qui offrent une gestion dynamique lors de l'insertion et du retrait d'équipements. Un autre volet de ce chapitre a traité l'aspect contrôle de topologie et la maintenance de liens consistants entre les nœuds dans les réseaux ad hoc, un point fort utile pour la solution de gestion que nous proposons et qui sera implémenté entre les nœuds du serveur mobile proposé.

Le chapitre suivant s'intéresse au routage dans les réseaux ad hoc, il présente les différentes classes des protocoles de routage ainsi qu'une description détaillée de quelques protocoles dans le but d'adapter notre solution à la problématique du routage dans les réseaux ad hoc.

Chapitre 3
« Le Routage dans les Réseaux Mobiles Ad hoc »

I. Introduction :

Contrairement aux réseaux filaires, les liens de communications sans fil et la mobilité dans les réseaux ad hoc requièrent de nouveaux types de protocoles de routage basés sur de nouveaux principes. Les protocoles de routage dans les réseaux filaires traditionnels sont conçus sous des suppositions telles que : la position relative d'un nœud du réseau ne change pas à travers le temps de même que pour les liens qui existent entre les nœuds. Par contre, dans un réseau mobile ad hoc, la topologie change de manière dynamique et fréquente à chaque mobilité des nœuds. De plus, l'existence de liens entre les noeuds voisins n'est pas toujours assurée à cause de la nature du medium filaire, notamment, la présence d'obstacles dans l'air et les liens unidirectionnels.

Dans ce chapitre, nous discuterons les propriétés et limitations des protocoles de routage des réseaux filaires qui les rendent inappropriés dans le mode ad hoc. Nous présentons également les différentes classifications des protocoles MANET et nous décrirons quelques protocoles de routage représentatifs en essayant de discuter leurs avantages et limitations.

II. Définitions :

II.1 Routage :

Généralement **[ROU 99]**, le routage est une méthode d'acheminement d'informations à la bonne destination à travers un réseau de connexion donné. Le problème de routage consiste pour un réseau dont les arcs, les nœuds et les capacités sur les arcs sont fixés à déterminer un acheminement optimal des paquets à travers le réseau au sens d'un certain critère de performance. Le problème consiste à trouver l'investissement de moindre coût en capacités nominales qui assure le routage du trafic et garantit sa survabilité en cas de n'importe quelle panne d'arc ou de nœud.

Par exemple si on suppose que les coûts des liens sont identiques, le chemin indiqué dans la figure suivante est le chemin optimal (le plus court chemin) reliant la station source et la station destination. Une bonne stratégie de routage utilise ce chemin dans le transfert des données entres les deux stations. **[LEM 00]**

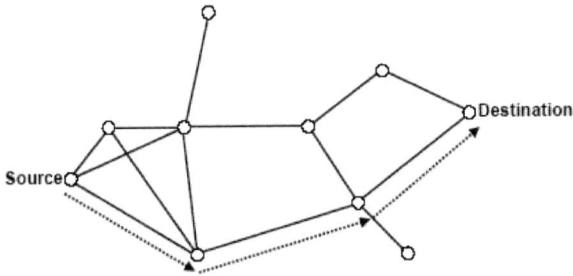

Figure 18 : Chemin utilisé dans le routage entre la source et la destination.

Dans un réseau ad hoc, chaque nœud est susceptible d'être mis à contribution pour participer au routage et pour retransmettre les paquets d'un nœud qui n'est pas en mesure d'atteindre sa destination; tout nœud joue ainsi le rôle de station et de routeur.

II.2 Inondation :

L'inondation ou la diffusion pure, consiste à faire propager un paquet (de données ou de contrôle) dans le réseau entier. Un nœud qui initie l'inondation envoie le paquet à tous ses voisins directs. De même, si un nœud quelconque du réseau reçoit le paquet, il le rediffuse à tous ses voisins. Ce comportement se répète jusqu'à ce que le paquet atteigne tous les nœuds du réseau. [LEM 00]

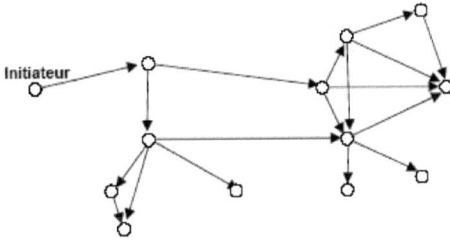

Figure 19 : Mécanisme d'inondation.

Le mécanisme d'inondation est utilisé généralement dans la première phase du routage plus exactement dans la procédure de découverte des routes, et cela dans le cas où le nœud source ne connaîtrait pas la localisation exacte de la destination. Un paquet de requête de route est inondé par la source afin qu'il atteigne la station destination.

Notons, que l'inondation est très coûteuse surtout dans le cas où le réseau est volumineux (latence, surcharge des messages...etc.), c'est pour cela que les protocoles de routage essaient de minimiser au maximum la propagation des paquets inondés en rajoutant d'autres paramètres de diffusion.

II.3 Multi hoping (multi sauts):

Les stratégies de routage utilisées dans les réseaux ad hoc sont caractérisées par le fait de pouvoir acheminer les paquets de données sans l'aide des stations de base utilisées dans la communication cellulaire.

Dans le modèle cellulaire, la communication entre deux noeuds est faite en utilisant les stations de base et le réseau filaire, par conséquent aucune unité mobile n'est utilisée comme routeur intermédiaire, le modèle cellulaire est dit alors *"single hop"* (c.à.d. le nombre de routeurs mobiles intermédiaires est nul). La contrepartie de ce modèle est le modèle de communication sans infrastructure. Dans ce modèle plusieurs noeuds peuvent participer au routage, c'est pour cela que l'environnement des réseaux ad hoc est dit "multi hop" (c.à.d. le nombre de stations mobiles qui peuvent être utilisée comme routeurs intermédiaires peut dépasser le un). **[LEM 00]**

III. Les limitations des protocoles de routage conventionnels dans le mode ad hoc :

Dans les réseaux ad hoc, il est nécessaire pour un paquet de traverser plusieurs sauts (multi-hops) avant d'atteindre sa destination. Dans les environnements filaires traditionnels, chaque nœud dans le réseau maintien une table de routage qui liste, pour chaque destination connue, le prochain nœud pour lequel le paquet doit être envoyé. Le problème de maintenance de tables de routage correctes et consistantes dans les réseaux ad hoc devient difficile. Comme les réseaux ad hoc sont caractérisés par le changement de topologie, le médium sans fil et les limitations d'énergie et de bande passante, le besoin se fait ressentir pour le développement de nouveaux protocoles de routage. Actuellement, le chalenge majeur est le développement de protocoles de routage dynamiques qui puissent trouver de manière efficace des routes entre deux nœuds désirant établir une communication. Ces protocoles doivent faire face au degré de mobilité des nœuds, l'absence d'infrastructure centralisée pour l'administration et les contraintes de ressources et de bande passante.

Les protocoles de routages des réseaux filaires sont conçus pour une topologie statique et se basent sur l'envoies périodique des messages de contrôles. Ces protocoles sont classés soit état de liens ou vecteur de distance, dans les deux cas leur fonctionnement nécessite des échange réguliers de table de routage ce qui produit une surcharge (overhead) de traitement à cause des limitations en bande passante et en ressources et capacités de stockage. De plus, les algorithmes vecteurs de distance tel que «The Distributed Bellman Ford (DBF) Algorithm» **[PER 94]** posent le problème de convergence et de comptage à l'infini (présence de boucle).

Ainsi, les protocoles de routages traditionnels consomment beaucoup de ressources (bande passante, batterie, CPU) et leur fonctionnement nécessite des liens bidirectionnels ce qui n'est pas le cas pour les environnements radio sans fil, encore plus pour les réseaux mobiles ad hoc.

IV. La conception des protocoles de routage pour les réseaux ad hoc :

L'étude et la mise en oeuvre des algorithmes de routage pour assurer la connexion des réseaux ad hoc au sens classique du terme (tout sommet peut atteindre tout autre), est un problème complexe. La conception des protocoles de routages doit faire face à des challenges tels que : la mobilité des nœuds et la contrainte des ressources et doit étudier les points suivants **[MOU 04]** :

1. **La minimisation de la charge du réseau** : surtout l'émission des paquets de contrôle car ils consomment beaucoup de bande passante et peuvent créer des collisions avec les paquets de données.
2. **Absence de boucle** dans les routes fournies par les protocoles de routages.
3. **La mise à l'échelle** pour les réseaux volumineux.
4. **L'optimisation de l'utilisation des ressources du réseau** : les protocoles doivent optimiser l'utilisation des rares ressources réseau telles que la bande passante, CPU et mémoire.
5. **Le support des liens unidirectionnel** : Les protocoles doivent supporter l'existence de liens unidirectionnels ce qui est souvent le cas dans les environnements radio sans fil.
6. **Des routes multiples** : A cause des fréquentes pertes de liens radio, les protocoles doivent fournir plus d'une route vers la destination dans le but de

garantir une communication robuste et une délivrance des messages dans un environnement caractérisé par un changement dynamique de topologie.
7. **Sécurité et QoS** : Les protocoles doivent être résilients face aux menaces et vulnérabilités et offrir un certain niveau de qualité de service.

Cependant, aucun des protocoles proposés par les chercheurs n'offre toutes les propriétés désirées. Mais ces protocoles, restent toujours en développement continue et probablement soumis à de nouvelles extensions de leurs fonctionnalité.

V. L'évaluation des protocoles de routage :

Les protocoles de routage doivent être évalués afin de mesurer les performances de la stratégie utilisée et de tester sa fiabilité. L'utilisation d'un réseau ad hoc réel dans une évaluation est difficile et coûteuse, en outre de telles évaluations ne donnent pas généralement des résultats significatifs. Le réseau réel n'offre pas la souplesse de varier les différents paramètres de l'environnement et pose en plus le problème d'extraction de résultats; c'est pour cela que la majorité des travaux d'évaluation de performances utilisent le principe de simulation vu les avantages qu'il offre. En effet, la simulation permet de tester les protocoles sous une variété de conditions. Le simulateur, qui constitue une plate-forme construite avec un certain langage, permet de varier les différents facteurs de l'environnement tel que le nombre d'unités mobiles, l'ensemble des unités en mouvement, la vitesse des nœuds, le territoire du réseau et la distribution des unités dans ce territoire.

En général, tout simulateur doit être en mesure d'évaluer : (a) le contrôle utilisé dans le mécanisme de mise à jour de routage. (b) les délais moyens du transfert des paquets et (c) le nombre moyen de noeuds traversés par les paquets de données. **[LEM 00]**

VI. Les protocoles de routage dans les réseaux ad hoc :

VI.1 Les différentes familles des protocoles de routage MANETs:

Ces dernières années, plusieurs protocoles de routage ad hoc ont été proposés, ils peuvent être répartis en deux catégories : orientées table (ou proactifs) et à la demande (ou réactifs) selon quand les routes sont elles découvertes. Dans les protocoles orientés table, l'information de routage est maintenue par chaque nœud mobile alors que pour les protocoles à la demande, les routes ne sont créées que lorsqu'elles sont désirées par un hôte source [ROU 99]. En plus des protocoles de routage réactifs et proactifs, il existe une famille de protocoles de routage qui mixe les deux et sont dit « hybrides ».

VI.1.1 Protocoles orientés table :

Le principe de base des protocoles proactifs [ZOU 02], est de maintenir à jour les tables de routage de sorte que lorsqu'une application désire envoyer un paquet à un autre mobile, une route soit immédiatement disponible. Dans le contexte des réseaux ad hoc, les noeuds peuvent apparaître ou disparaître de manière aléatoire et la topologie même du réseau peut changer ; cela signifie qu'il va falloir un échange continu d'informations pour que chaque noeud ait une image à jour du réseau. Les tables sont donc maintenues grâce à des paquets de contrôle, et il est possible d'y trouver directement et à tout moment un chemin vers les destinations connues en fonctions de divers critères. On peut par exemple privilégier les routes qui comportent peu de sauts, celles qui offrent la meilleure bande passante, ou encore celles dont le délai est le plus faible. L'avantage premier de ce type de protocole est d'avoir les routes immédiatement disponibles quand les applications en ont besoin, mais cela se fait au coût d'échanges réguliers de messages (consommation de bande passante) qui ne sont certainement pas tous nécessaires (seules certaines routes seront utilisées par les applications en général).

VI.1.2 Protocoles à la demande :

Ces protocoles ont une approche paresseuse du routage. Par opposition aux protocoles orientés table, les routes ne sont pas maintenues par les nœuds. A la place, les routes sont crées seulement lorsqu'elles le sont demandées. Lorsqu'un nœud source désire envoyer un paquet vers une destination, il invoque un mécanisme de découverte de routes pour trouver le chemin vers la destination (en général, ce mécanisme se base sur le principe d'inondation vu précédemment). La route reste valide tant que la destination est joignable ou jusqu'à ce que la route ne soit plus nécessaire [ROU 99]. L'avantage majeur de cette méthode est qu'elle ne génère du trafic de contrôle que lorsqu'il est nécessaire. Les principales contreparties sont que l'inondation est un mécanisme coûteux qui va faire intervenir tous les noeuds du réseau en très peu de temps et qu'il va y avoir un délai à l'établissement des routes. [ZOU 02]

VI.1.3 Protocoles hybrides :

Les protocoles hybrides combinent les approches réactives et proactives [ZOU 02]. Le principe est de connaître notre voisinage de manière proactive jusqu'à une certaine distance (par exemple trois ou quatre sauts), et si jamais une application cherche à envoyer un paquet à un noeud qui n'est pas dans cette zone, une recherche réactive est effectuée à l'extérieur. Avec ce système, on dispose immédiatement des routes dans notre voisinage proche, et lorsque la recherche doit être étendue plus loin, elle est optimisée (un noeud qui reçoit un paquet de recherche de route réactive va tout de suite savoir si la destination est dans son propre voisinage. Si c'est le cas, il va pouvoir répondre, sinon, il va propager de manière optimisée la demande hors de sa zone proactive). Ce type de protocole peut cependant combiner les désavantages des deux méthodes : échange de paquets de contrôle réguliers et inondation de l'ensemble du réseau pour chercher une route vers un noeud éloigné.

VI.2 Classification :

Il existe différents critères pour la classification des protocoles de routage dans les réseaux mobiles ad hoc. Par exemple [ZOU 02]:
- Quel type d'information de routage est échangé entre les nœuds ?
- Quand et comment l'information de routage est elle échangée ?
- Quand et comment les routes sont elles découvertes ?

Dans ce qui suit, nous allons décrire les différentes classes des protocoles de routage par rapport aux critères cités ci-dessus.

VI.2.1 Routage hiérarchique ou plat :

Cette classe s'intéresse au type de vision que les nœuds ont du réseau et les rôles qu'ils accordent aux différents mobiles [DHO 03].

- **Les protocoles de routage « à plat »** considèrent que tous les noeuds sont égaux (figure 20.1). La décision d'un noeud de router des paquets pour un autre dépendra de sa position et pourra être remise en cause au cours du temps.

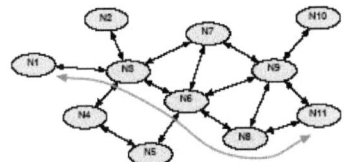

Figure 20.1 : Routage à plat.

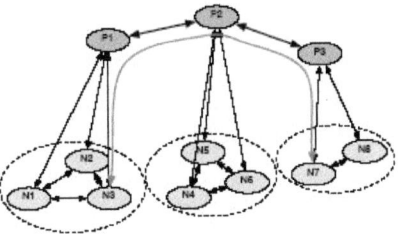

Figure 20.2 : Routage hiérarchique.

- **Les protocoles de routage hiérarchique** fonctionnent en confiant aux mobiles des rôles qui varient de l'un à l'autre. Certains noeuds sont élus et assument des fonctions particulières qui conduisent à une vision en plusieurs niveaux de la topologie du réseau. Par exemple, un mobile pourra servir de passerelle pour un certain nombre de noeuds qui se seront attachés à lui. Le routage en sera simplifié, puisqu'il se fera de passerelle à passerelle, jusqu''a celle directement attachée au destinataire. Un exemple est donné sur la figure 20.2, où le noeud N3 passe par les passerelles P1, P2 et P3 pour atteindre le nœud N7. Dans ce type de protocole, les passerelles supportent la majeure partie de la charge du routage (les mobiles qui s'y rattachent savent que si le destinataire du paquet n'est pas dans leur voisinage direct, il suffit d'envoyer ce dernier à la passerelle qui se débrouillera). Cette classe de protocoles de routage présente de bonnes performances dans les réseaux où certains noeuds s'avèrent très sédentaires et disposent de suffisamment d'énergie (par exemple réseau d'ordinateurs portables dont certains sont reliés au secteur, stations de base disposées spécialement pour garantir la connectivité, etc.).

VI.2.2 Routage état de liens ou vecteur de distance :

Une autre classification, héritée du monde filaire, est possible pour les protocoles de routage **[DHO 03]** :

- **Les protocoles à état de lien.** Ils cherchent à maintenir dans chaque noeud une carte plus ou moins complète du réseau où figurent les noeuds et les liens les reliant. A partir de cette carte, il est possible de construire les tables de routage. Un des avantages de ce type de protocole est leur capacité à pouvoir facilement trouver des routes alternatives lorsqu'un lien est rompu ; il est même possible d'utiliser simultanément plusieurs routes vers une même destination, augmentant ainsi la répartition de la charge et la tolérance aux pannes dans le réseau. En contre partie, si le réseau est étendu, la quantité d'informations à stocker et diffuser peut devenir considérable.

- **Les protocoles à vecteur de distance.** Plutôt que de maintenir une carte complète du réseau (ce qui peut s'avérer extrêmement lourd), ces protocoles ne conservent que la liste des noeuds du réseau et l'identité du voisin par lequel passer pour atteindre la destination par le chemin le plus court. A chaque destination possible sont donc associés un *next-hop* et une distance. Si un voisin nous envoie un paquet de contrôle dans lequel il indique être plus près d'une destination que le *next-hop* que l'on utilisait jusqu'alors, alors il le remplace dans la table de routage. Un des inconvénients de cette technique et qu'il est du coup plus difficile de conserver plusieurs routes alternatives au cas où celle qui est privilégiée serait rompue (on ne dispose que du *next-hop*, et on ne sait pas si la suite de la nouvelle route est indépendante de celle qui a été rompue).

VI.2.3 Routage de source ou saut par saut :

Il existe des protocoles de routage qui place la route complète (les nœuds à traverser) comme entête dans les paquets de données de telle sorte que les nœuds intermédiaires retransmettent directement ces paquets. Un tel routage, est dit **Routage de Source**. Il présente l'avantage de décharger les nœuds intermédiaires de toute décision de routage du moment que le chemin complet est véhiculé à travers le paquet. Par contre, dans des réseaux volumineux, le fait de placer le chemin complet dans chaque paquet de données, induit un impact négatif sur la bande passante du réseau.

Dans un routage *saut par saut*, le chemin vers une destination est complété à chaque fois qu'un saut est traversé tout au long des nœuds formant la route. Lorsqu'un nœud reçoit un paquet vers une destination, il retransmet le paquet au prochain saut correspondant à la destination. Le problème est que chaque nœud doit maintenir des informations de routage et qu'il y a possibilité de formation de boucle dans le processus de routage **[ZOU 02]**.

VI.3 Description de quelques protocoles de routage représentatifs :

Dans ce qui suit, des exemple de protocoles de routage proactif, réactif et hybride :

VI.3.1 DSDV : Destination Sequence Distance Vector Routing Protocol

DSDV **[PER 94]** ou « vecteur de distance à destination séquencée » est un protocole de routage saut par saut. Chaque nœud mobile maintient une table de routage qui contient pour chaque destination, le prochain saut à traverser, le nombre de saut pour atteindre la destination et le numéro de séquence assigné. La mise à jour des tables de routage se fait selon deux facteurs, soit « time_driven » c.à.d selon le facteur : temps (exemple : période de transmission), ou « event_driven » c.à.d selon le facteur : évènement déclencheur (exemple : apparition d'un nouveau nœud dans le réseau). Le protocole DSDV utilise deux types de mise à jour : une mise à jour complète et une mise à jour incrémentielle. Dans la mise à jour complète toutes les informations de la table de routage sont transmises aux voisins ce qui implique l'envoi de plusieurs paquets de données ; cette mise à jour est utilisée pour les réseaux peu stables. Par contre, dans la mise à jour incrémentielle, seuls les entrées de la table de routage qui ont subit un changement sont transmises ; cette mise à jour est idéale pour les réseaux relativement stables.

Opérations : la figure 21 illustre un exemple d'établissement de tables de routage par le protocole DSDV. Au moment où un nœud envoie la mise à jour de sa table de routage à ces voisins, il incrémente les métriques reçues car ce dernier participe dans le chemin vers la destination (dans DSDV, les métriques représentent le nombre de sauts pour atteindre la destination). Les liens rompus peuvent être détectés si aucune mise à jour n'a été reçue du nœud voisin durant un temps donné. Lorsqu'un lien vers un nœud voisin est rompu, n'importe quel route qui passe par ce nœud reçoit immédiatement une valeur infinie de sa métrique jusqu'à ce qu'une nouvelle mise à jour du numéro de séquence soit envoyée.

Propriétés : DSDV élimine le problème de boucle de routage « routing loop » et celui du « counting to infinity ». Il offre une disponibilité de route vers toutes les destinations à n'importe quel moment. L'utilisation de numéro de séquence, permet de différencier les anciennes routes des nouvelles, les routes ayant un plus grand numéro de séquence sont privilégiées. En revanche, les mises à jour des liens rompus entraînent un contrôle excessif dans la communication, ce qui affecte la contrainte de mise à l'échelle. Aussi, DSDV est un protocole basé sur la synchronisation, un nœud du réseau doit attendre jusqu'à ce qu'il reçoive la prochaine mise à jour de la destination avant de mettre à jour sa table de routage, ce qui rend le protocole lent.

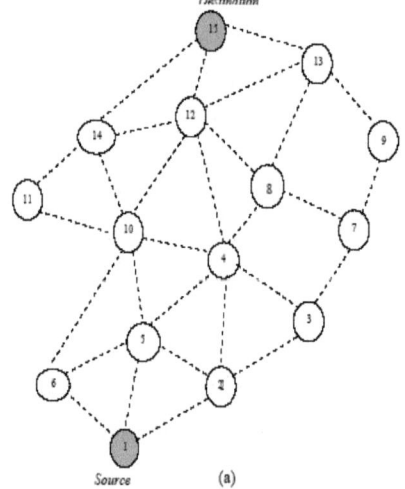

Destination	Next hop	Distance	Sequence Number
2	2	1	22
3	2	2	26
4	5	2	32
5	5	1	134
6	6	1	144
7	2	3	162
8	5	3	170
9	2	4	186
10	6	2	142
11	6	3	176
12	5	3	190
13	5	4	198
14	6	3	214
15	5	4	256

Figure 21 : Etablissement de table de routage dans DSDV : (a) topologie du réseau, (b) table de routage du nœud 1.

VI.3.2 OLSR: Optimized Link State Routing Protocol:

OLSR **[ADJ 03]**, *Optimized Link State Routing Protocol*, est un protocole proactif, hiérarchique à état de liens, son innovation réside dans sa façon d'économiser les ressources radio lors des diffusions. Ceci est réalisé grâce à l'utilisation du concept des Relais Multi-Points dans lequel chaque nœud choisit un sous-ensemble de ses voisins qu'il appellera "MPR" (Relais Multi-Point) pour retransmettre ses paquets en cas de diffusion. En se basant sur la diffusion via les MPRs, tous les nœuds du réseau sont atteints avec un nombre réduit de répétitions.

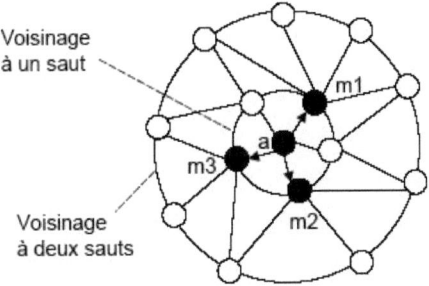

Figure 22: Relais Multi Point du protocole OLSR. La station « **a** » a choisi m1, m2 et m3 comme relais multi point. Quand « **a** » émet un message TC (*Topology Control*), il est seulement retransmis par m1, m2 et m3, qui le retransmettent à leur tour vers leurs MPR. **[PER 03]**

Opérations : Chaque nœud maintient une information sur les nœuds qui l'ont élu en tant que MPR. Ceci est fait grâce à des messages de présence (*Hello messages*) envoyés par chaque nœud à ses voisins. La diffusion de ces messages de présence permet aux nœuds du réseau de stocker, dans leur table des voisins, une vision à deux sauts de leur voisinage et de calculer l'ensemble de leurs MPR. Cet ensemble est recalculé dès qu'un changement est détecté dans le voisinage à deux sauts.

La diffusion sur la totalité du réseau (via les MPR) de messages de contrôle de topologie (*Topology Control messages*) donne l'information topologique nécessaire au routage. Ces messages contiennent, pour chaque MPR, la liste des nœuds qui l'ont choisi. Grâce à ces messages, les nœuds peuvent maintenir une table de topologie (*Topology Table*), indiquant le premier saut pour chaque destination. Un algorithme de plus court chemin, appliqué à la table des voisins et à la table de topologie, permet de construire la table de routage de chaque nœud. Cette table mémorise, pour tous les nœuds du réseau, le nombre de sauts et le premier saut pour l'atteindre. Elle doit être recalculée dès que l'une des deux tables sources est modifiée.

Propriétés : OLSR fournit des routes optimales en nombre de sauts. Il convient pour de grands réseaux grâce à son mécanisme de MPR, mais il est moins efficace pour de petits réseaux.

VI.3.3 AODV: Ad hoc On Demand Distance Vector Routing Protocol

AODV [PER 99] est un protocole basé sur le principe des vecteurs de distance et appartient à la famille des protocoles réactifs.

Opérations : Quand une application a besoin d'envoyer des paquets sur le réseau et qu'une route est disponible dans la table de routage, AODV ne joue aucun rôle. S'il n'y a pas de route disponible, il va par contre en rechercher une. Cette recherche commence par une inondation de paquets *Route Request (RREQ)*. Chaque noeud traversé par un *RREQ* en garde une trace dans son cache et le retransmet. Quand les paquets de recherche de route arrivent à la destination (ou à un noeud intermédiaire qui connaît lui-même une route valide jusqu'à la destination), alors un paquet réponse de route est généré *(RREP Route REPlay)* et il est envoyé par le chemin inverse, grâce aux informations gardées dans les caches des noeuds traversés par le *RREQ*.

AODV dispose d'un certain nombre de mécanismes optimisant son fonctionnement. L'inondation se fera par exemple au premier essai dans un rayon limité autour de la source, et si aucun chemin n'est trouvé, alors seulement, elle sera étendue à une plus grande partie du réseau. En cas de rupture de certains liens, AODV va essayer de reconstruire localement les routes affectées en trouvant des noeuds suppléants (cette détection de rupture peut d'ailleurs se faire grâce à un mécanisme optionnel de paquets hello diffusés aux voisins directs uniquement). Si une reconstruction locale n'est pas possible, alors les noeuds concernés par la rupture des routes utilisant ce lien sont prévenus de sorte qu'ils pourront relancer une nouvelle phase de reconstruction complète.

Propriétés : AODV est une amélioration du protocole DSDV (Destination –Sequenced Distance Vector). Il consiste à minimiser le nombre des diffusions requises dans ce dernier protocole et offre des routes fraîches grâce à l'introduction du concept de numéro de séquence (*Destination Sequence Number*). Les numéros de séquence permettent d'utiliser les routes les plus récentes et résolvent le problème de boucle et de comptage à l'infini rencontré dans la majorité des protocoles à vecteur de distance.

VI.3.4 DSR : Dynamic Source Routing Protocol

DSR **[JOH 96]** est un autre protocole réactif. Il se différencie des autres en particulier parce qu'il pratique le routage de source (*source routing*).

Afin d'envoyer un paquet de données à un autre nœud, l'émetteur construit une route source et l'inclut en tête du paquet. La construction se fait en spécifiant l'adresse de chaque nœud à travers lequel le paquet va passer pour atteindre la destination. Par la suite, l'émetteur transmet le paquet, à l'aide de son interface, au premier nœud spécifié dans la route source. Un nœud qui reçoit le paquet, et qui est différent de la destination, supprime son adresse de l'en tête du paquet reçu et le transmet au nœud suivant identifié dans la route source. Ce processus se répète jusqu'à ce que le paquet atteigne sa destination finale. Enfin, le paquet est délivré à la couche réseau du dernier hôte. Dans la pratique, DSR est structuré en deux sous parties complémentaires : la recherche de route et la maintenance de route. **[LEM 00]**

Opérations : L'opération de découverte de route, permet à n'importe quel nœud du réseau de découvrir dynamiquement un chemin vers un autre nœud du réseau. Un hôte initiateur de l'opération de découverte de route, diffuse un paquet *requête de route* qui identifie l'hôte cible (la destination). Si l'opération de découverte est réussie, l'hôte initiateur reçoit un paquet *réponse de route* qui liste la séquence de nœuds à travers lesquels la destination peut être atteinte. En plus de l'adresse de l'initiateur, le paquet *requête de route* contient un champ *enregistrement de route*, dans lequel est accumulé la séquence des nœuds visités durant la propagation de la requête de route dans le réseau (voir figure 23.a). Le paquet *requête de route*, contient aussi un identificateur unique de la requête. Dans le but de détecter les duplications de réceptions de la requête de route, chaque nœud du réseau ad hoc maintient une liste de couples <adresse de l'initiateur, identificateur de requête >, des requêtes récemment reçues.

Lors de la réception d'un paquet *requête de route* par un nœud P du réseau, le traitement suivant est effectué :

1. Dans le cas où le couple <adresse de l'initiateur, identificateur de requête > du paquet reçu, existe déjà dans la liste des requêtes récemment reçues le paquet est ignoré.
2. Dans le cas contraire, si l'adresse de P existe dans le champ enregistrement de route du paquet de la requête, le paquet est ignoré.
3. Sinon, si l'adresse de P est la même que l'adresse de la destination, alors l'enregistrement de route (contenu dans le paquet de la requête) contient le chemin à travers lequel le paquet de la requête est passé avant d'atteindre le nœud P. Une copie de ce chemin est envoyée dans un paquet réponse de route à l'initiateur (voir figure 23.b).
4. Sinon, l'adresse de P est rajoutée dans *l'enregistrement de route* du paquet, qui est ensuite rediffusé.

De cette manière, la *requête de route* est propagée dans le réseau, jusqu'à ce qu'elle atteigne l'hôte destination qui va répondre à la source. Le fait d'ignorer la requête, dans le cas où l'adresse du récepteur existe dans l'enregistrement de route, garantie que la propagation d'une unique copie de la requête ne peut pas se produire à travers des boucles de nœuds.

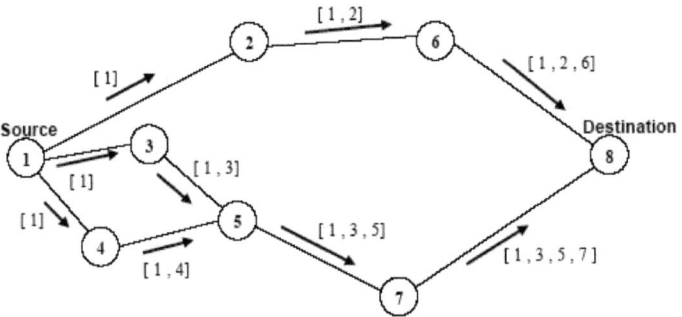

(a) Processus *requête de route* et construction de *l'enregistrement de route*.

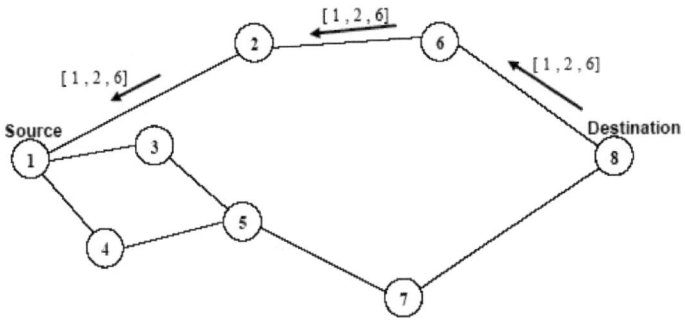

(b) Processus *réponse de route*.

Figure 23 : Découverte de chemin dans DSR.

Dans le but de retourner le paquet réponse de route à l'initiateur de l'opération de découverte de route, l'hôte destination doit connaître un chemin vers l'initiateur. Dans le cas où la destination n'a pas déjà gardé une telle route, le chemin spécifié dans l'enregistrement de route contenu dans le paquet requête de route peut être inversé et utilisé. Cependant, on exige que les liens entre les nœuds participants dans le chemin soient bidirectionnels. Dans le cas contraire, la destination se comporte comme une source et entame un nouveau processus *requête de route* vers la vraie source tout en attachant le paquet réponse de route. Ce processus est appelé : ***Piggybacking.***

Maintenance de route : Lorsqu'un noeud détecte un problème fatal de transmission, un message *erreur de route* (route error) est envoyé à l'émetteur original du paquet. Le message d'erreur contient l'adresse du noeud qui a détecté l'erreur et celle du noeud qui le suit dans le chemin. Lors de la réception du paquet *erreur de route* par l'hôte source, le noeud concerné par l'erreur est supprimé du chemin sauvegardé, et tous les chemins qui contiennent ce noeud sont tronqués à ce point là. Par la suite, une nouvelle opération de découverte de routes vers la destination, est initiée par l'émetteur.

Propriétés : DSR n'utilise pas des messages périodiques pour le routage ce qui réduit la consommation de la bande passante et la surcharge du réseau par les messages de contrôles. De plus, il autorise la source à conserver dans sa table de routage plusieurs chemins valides vers une même destination. Le choix du chemin emprunté pourra donc être fait indépendamment pour chaque paquet, et permettre un meilleur équilibrage de charge du réseau ou une meilleure réactivité aux pannes.

VI.3.5 ZRP: Zone Based Routing Protocol

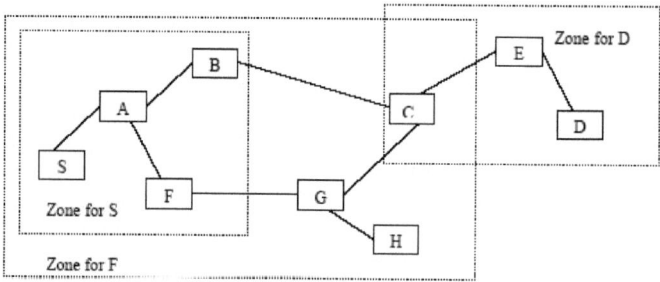

Figure 24: Décomposition du réseau en zones dans ZRP.

ZRP [PEA 99] [MOU 04] est un exemple de protocole hybride (proactif/réactif). Il limite l'étendue des mises à jours périodiques uniquement pour les nœuds appartenant à un voisinage proche. Par contre, la recherche de route à travers le réseau se fait via des requêtes vers des nœuds spécifiques du réseau.

ZRP divise le réseau en plusieurs zones de routage et utilise deux types de protocoles totalement indépendants. Le premier protocole est le IARP (Intrazone Routing Protocol), c'est un protocole proactif exécuté à l'intérieur des zones de routage. Chaque zone peut utiliser un protocole proactif distinct. Le second protocole, est le IERP (Interzone Routing Protocol), c'est un protocole réactif utilisé pour chercher des routes entre les zones de routage. Son utilisation est intéressante seulement dans le cas où la source et la destination n'appartiennent pas à la même zone. Une zone de routage peut avoir plusieurs définitions, la plus répandue inclut les nœuds dont la distance minimale en sauts à partir du nœud en question est inférieur à un certain paramètre considéré comme étant le rayon de la zone. Dans chaque zone, les nœuds peuvent être soit de périphérie soit intérieurs. Les premiers sont ceux dont la distance est exactement égale au rayon de la zone à partir du nœud en question. Les seconds représentent le reste des nœuds. La figure 24 présente un exemple d'exécution du protocole ZRP ; les nœuds S, A, F, B, C, G et H appartiennent à la zone de routage F. Pour la zone S, les nœuds B et F sont les nœuds de périphérie.

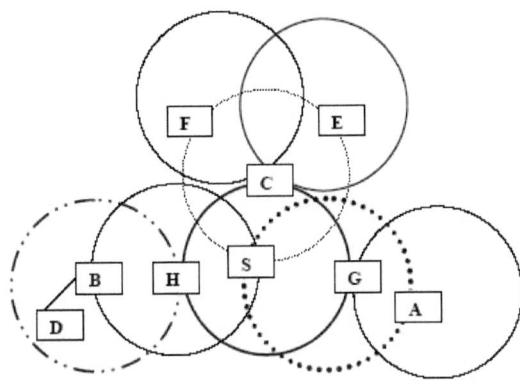

Figure 25 : Exemple d'exécution du protocole ZRP.

Opérations : le noeud source S veut envoyer un paquet pour le noeud destination D. S possède toutes les informations de routage pour les nœuds appartenant à sa zone via les mises à jour régulières en utilisant le protocole proactif IARP. Le nœud S vérifie en premier lieu la présence du nœud D dans sa zone de routage et découvre que ce dernier n'y appartient pas. Dans ce cas, il envoie des requêtes spécifiques (*bordercasting*) uniquement vers les nœuds de périphérie C, H et G, en utilisant le protocole réactif interzone IERP. Les nœuds C, H et G exécutent le même processus exécuté par S à la recherche de D. En découvrant que D n'appartient à aucune de leurs zones, ils envoient à leur tour des « *bordercasting* » vers leurs nœuds de périphérie. B, le nœud de périphérie de H, découvre dans sa zone de routage le nœud D et répond à la source S en véhiculant le chemin S-H-B-D.

« *Bordercasting* » est un service de délivrance de paquet qui permet aux nœuds de diriger leurs requêtes uniquement vers les nœuds de périphérie. Le protocole ZRP offre ce service via un composant nommé : Bordercast Resolution Protocol (BRP).

Propriétés : ZRP tire profit des avantages des protocoles proactifs et réactifs à la fois. Sa nouveauté consiste à optimiser la recherche de route interzone en exécutant le mécanisme *Bordercasting* qui permet aux nœuds de diriger leurs requêtes uniquement vers les nœuds de périphérie ce qui permet de moins surcharger le réseau. Cela dit, si le chevauchement entre les zones devient complexe il risque de créer des problèmes et d'augmenter le trafic réseau puisqu'un nœud se trouvera membre de plusieurs zone à la fois.

Autres protocoles:

De nombreux autres protocoles de routage ont été proposés pour les réseaux ad hoc. Dans la catégories des protocoles hiérarchiques nous citons : Hierarchical State Routing (HSR) présenté dans **[GER 95]**, Clusterhead Gateway Switch Routing (CGSR) présenté dans **[CHI 97]** et Zone-Based Hierarchical Link State Routing (ZHLS) qui est aussi un protocole hybride **[JOA 99]**.

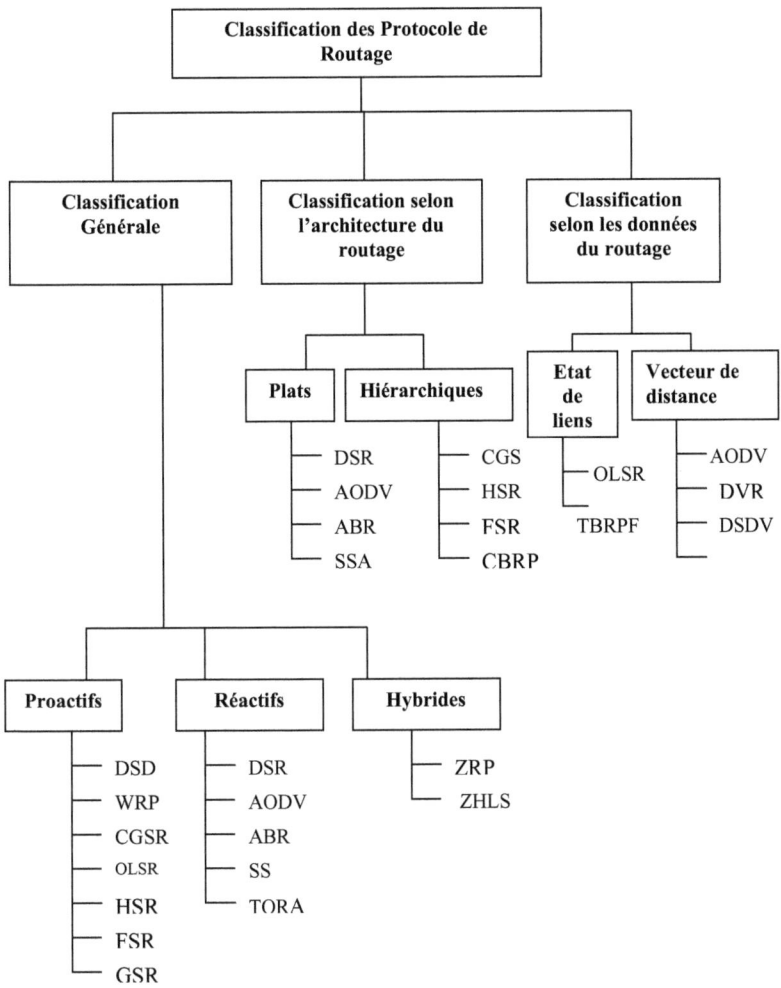

Figure 26 : Classifications des protocoles de routage MANETs.

VII. Conclusion :

A travers ce chapitre, nous avons voulu présenter les contraintes à étudier lors de la conception des protocoles de routages dans les réseaux ad hoc à savoir : la mobilité des nœuds, la topologie dynamique, les limitations de puissance et de batterie et la faible bande passante. Nous avons présenté par la suite différentes classifications des protocoles de routage. La plus générale de ces classifications divise les protocoles de routage en deux familles : Proactifs et Réactifs ; le tableau 2 [MOU 04] résume les principales différences entre les deux approches.

Paramètre	Réactif	Proactif
Disponibilité de l'information de routage	Disponible à la demande	Toujours disponible
Mises à jour périodiques	Pas nécessaires	Nécessaires
Comment faire face à la mobilité des nœuds ?	Utilisation parfois des requêtes de route pour la localisation.	Diffusion sur le voisinage pour des tables de routage consistantes
Trafic généré	Augmente avec le changement des routes actives.	Toujours supérieur à celui des protocoles réactifs.
QoS	Peu supportent la qualité de service mais tous supportent le plus court chemin.	Supportent le plus court chemin.

Tableau 2 : Comparaison générale des protocoles de routages Réactifs et Proactifs.
Aussi, nous avons décrits quelques protocoles de routages représentatifs dans les réseaux ad hoc et nous avons constaté que tous les protocoles conçus s'exécuter de manière distribuée mis à part quelques protocoles hiérarchiques tel que : HSR [GER 95], OLSR [ADJ 03] dont la gestion n'est pas complètement distribuée.

Le chapitre suivant, essaye de présenter l'apport que peut apporter une gestion centralisée dans ce type de réseaux notamment dans les applications de routage. Il décrit comment est ce que la propriété de mobilité des agents, présentée dans le premier chapitre, pourrait faciliter une gestion centralisée pour éviter les inconvénients classiques de la gestion distribuée comme par exemple : l'épuisement des ressources réseau, le trafic induit par la participation de tous les noeuds dans la gestion d'applications ainsi que la perte de temps lors des processus de découverte de route.

Chapitre 4
« Un Protocole Centralisé pour la Gestion du Routage dans les Réseaux Ad Hoc »

Chapitre 4. Un Protocole Centralisé pour la Gestion du Routage dans les Réseaux Ad Hoc

I. Introduction :

Les réseaux Ad Hoc, contrairement aux réseaux à infrastructure fixe n'utilisent pas de routeurs pour acheminer les paquets d'un nœud vers un autre (absence de stations de base). Dans ces réseaux, chaque nœud est susceptible d'être mis à contribution pour participer dans la plupart des applications de gestion de réseau : localisation de stations, routage, etc. De cette gestion distribuée, - qui s'exécute en appliquant le principe de diffusion de l'information par tous les nœuds du réseau - il en résulte le problème d'inondation (diffusion pure). Le trafic causé par la diffusion (localisation, routage, …etc.), rajouté au trafic déjà existant dans le réseau, peut dégrader considérablement les performances de transmission du système caractérisé principalement par une faible bande passante **[LEM 00]**. Afin de réduire le trafic et de permettre un gain dans le temps de réponse, -surtout dans les réseaux ad hoc volumineux- plusieurs recherches sur le contrôle de topologie dans les réseaux ad hoc ont été menées. Parmi elles, des techniques centralisées qui exploitent le principe d'élection de leader ou de chef pour un groupe de nœuds donné, au quel des tâches d'administration seront affectées.

Dans ce qui suit, nous proposons un protocole centralisé à base d'un serveur multi agents pour la gestion du routage dans les réseaux ad hoc. Les agents mobiles implémentés sur les nœuds du serveur auront la tâche de gérer les sous bases de données contenant les informations de routage. Le protocole proposé s'exécutera selon les étapes suivantes : premièrement, l'étape d'élection des nœuds formant le serveur mobile. Pour cela, nous utilisons une formule mathématique (voir page 73) qui prend en considération la distance du nœud par rapport au centre du réseau ainsi que sa vitesse par rapport à la vitesse moyenne du réseau. Le but, est de former un groupe de nœud (le serveur multi agents) qui suit le mouvement du réseau et dont la position est relativement au centre. La deuxième étape, assure une maintenance de liens consistants entre les nœuds membres du serveur en dépit de la mobilité des nœuds. En effet, lors de la mobilité d'un ou de plusieurs membre(s) du serveur au delà de la portée de ce dernier, le protocole permettra l'élection de nœuds remplaçants et fera migrer le code vers les nouveaux nœuds afin qu'ils puissent prendre le relais et continuer la gestion d'applications en cours. La contrainte d'épuisement de batteries sera également prise en charge vu que les nœuds du serveur se verrant affecter une charge de travail très importante. La troisième étape, consiste à décomposer le réseau en zones et enfin, l'exécution d'un protocole de routage adéquat. Au niveau du serveur, et compte tenu du nombre réduit de nœuds, nous préférons l'utilisation d'une technique de diffusion de paquets de données. Cela permettra d'un côté, à chaque nœud d'avoir une information complète et rafraîchie de son voisinage. D'un autre côté, ça nous évitera l'implémentation d'un protocole de routage de type proactif qui risque d'alourdir le réseau. Au delà du serveur, nous proposons d'adapter le protocole DSR (Dynamic Source Routing) **[JOH 96]** qui convient le mieux à une architecture centralisée.

Il est clair, que sans l'aide de la technologie d'agent mobile, la conception de cette solution ne serait pas aussi simple. En effet, grâce à cette technologie les réseaux ad hoc et les réseaux mobiles en général n'auront plus à subir la mobilité des nœuds qui était jusqu'à l'heure une contrainte de poids dans ce type de réseau.

II. La gestion dans les réseaux mobiles Ad Hoc.

II. 1 La gestion distribuée:

Comme nous l'avons déjà présenté dans le chapitre précédent à travers quelques protocoles de routage, la gestion dans les réseaux ad hoc est souvent distribuée cela est du à l'absence de toute infrastructure préexistante pour la gestion d'applications dans ce type de réseau. Avec un routage distribué proactif par exemple, chaque nœud échange périodiquement des informations avec ses voisins afin de maintenir une vue consistante sur la topologie du réseau ce qui faciliterait l'acheminement des paquets d'une source à une destination donnée. Ce type de routage permet un équilibrage de charge vu que tous les nœuds du réseau y participent, une auto organisation et une tolérance aux pannes. Par contre, il induit plusieurs problèmes:

- Un trafic et une inondation dans le réseau ;
- Un épuisement important des ressources réseau (mémoire, CPU, batterie, ...etc.) ;
- Une perte de temps lors des processus de découverte de route.

Avec un routage centralisé **[JEA 95]**, c'est un ensemble d'un ou plusieurs noeuds qui possède toutes les informations sur l'état du réseau. Cet ensemble est donc en mesure de calculer à chaque instant le chemin optimal entre deux noeuds. Ainsi tout noeud source

Chapitre 4. Un Protocole Centralisé pour la Gestion du Routage dans les Réseaux Ad Hoc

désirant établir une connexion doit s'adresser à cet ensemble qui fait office de station de base.

Dans ce qui suit, nous envisageons une gestion centralisée pour les réseaux ad hoc en essayant de corriger ces principales lacunes à l'aide de technologies nouvelles telle que la technologie d'agent mobile issue du domaine de l'Intelligence Artificielle. Le but est d'offrir un gain dans le temps de réponse ainsi qu'une réduction de charge et du trafic dans le réseau. La technologie d'agent mobile nous semble très intéressante et permet de pallier au problème de mobilité qui est subi dans ce type de réseau.

II.2 Une gestion centralisée pour les réseaux ad hoc :

Ce que nous proposons est un protocole centralisé pour la gestion d'applications dans les réseaux ad hoc. Ce protocole est à base d'un serveur multi agents constitué d'un ensemble de nœuds mobiles dans lesquels des agents sont implémentés pour gérer des applications données. La conception du protocole doit passer par les étapes suivantes :

1. Election des nœuds mobiles formant le serveur : Les nœuds élus doivent satisfaire les critères suivants :
   - Etre à une distance minimale par rapport au centre du réseau ;
   - Avoir une vitesse approximative à la vitesse moyenne du réseau.

   Ces critères ont été proposés pour construire un serveur central assurant une couverture sur l'ensemble des noeuds du réseau et une conservation de cette couverture malgré la mobilité des nœuds (pour cela tous les nœuds du réseau doivent se déplacer à une vitesse constante). L'ensemble des nœuds du serveur sera coordonné par un nœud chef qu'on appellera cluster head du serveur.

2. Maintenance de liens consistants entre les nœuds du serveur : la consistance des liens entre les noeuds mobiles du serveur est un critère important ; elle sous entend la bonne réception des messages de données et de contrôle transmis entre les nœuds mobiles du serveur **[ROM 01]**. Dans le cas d'un éventuel éloignement ou d'un épuisement de batterie pour un ou plusieurs nœuds du serveur, un protocole de découverte de voisins sera initié par tous les nœuds du serveur à la demande du cluster-head dans le but de trouver des nœuds remplaçants. La consistance du lien entre le nœud remplaçant et les nœuds du serveur sera assurée en appliquant le principe de la distance saine introduit dans le deuxième

chapitre (voir page 40). Afin de permettre une continuité des applications de gestion déjà en cours dans le réseau, l'agent mobile du nœud sortant devra migrer vers le nouveau nœud remplaçant.

3. Décomposition du réseau en zones. L'idée principale, est de limiter l'étendue des diffusions lors des processus de recherche de route à une zone géographique bien définie. Le nombre et l'étendue des zones dépendront de plusieurs facteurs tel que : la mobilité des nœuds, la densité du réseau et la puissance de transmission des nœuds.

4. Exécution du protocole dans le cadre d'une application spécifique par exemple le routage.

II.3 Application du protocole centralisé pour le routage dans les réseaux ad hoc :

Le problème qui se pose pour le routage dans le contexte des réseaux ad hoc est l'adaptation de la méthode d'acheminement distribuée avec le grand nombre d'unités existantes en l'absence d'une infrastructure de base. Dans la pratique, il est impossible qu'un hôte puisse garder les informations de routage concernant tous les autres noeuds, dans le cas où le réseau serait volumineux. **[LEM 00] [ROU 99]**

Avec le protocole proposé, Lorsqu'un nœud source s veut atteindre un nœud destination d, il transmet sa requête vers le serveur central qui la dirige vers le nœud destination d. L'objectif de cette solution, est de centraliser les informations du routage au niveau du serveur et de réduire la congestion du réseau causée principalement par la technique d'inondation (flooding). D'autres contraintes du routage distribué peuvent être également améliorées à l'aide de cette solution notamment la surcharge des nœuds et leur épuisement en terme de ressources. La technologie d'agents mobiles permettra de déléguer les tâches de routage à d'autres nœuds dont les ressources n'ont pas encore été épuisées.

III. Un protocole centralisé à base d'un serveur multi agents pour la gestion du routage dans les réseaux ad hoc :

Rappelons que le problème majeur du routage dans les réseaux ad hoc est la surcharge causée principalement par la technique de diffusion. Dans le protocole proposé, la gestion du routage ne sera assurée-en grande partie-que par les nœuds formant le serveur mobile dans le but d'économiser l'énergie des autres nœuds et de minimiser le trafic réseau.

Le protocole centralisé est chargé de la gestion d'une base de données contenant les informations nécessaires au routage **[ZAF 04]** :

1. La base de données du routage est répartie en plusieurs sous bases de données à travers un ensemble de stations mobiles formant le serveur multi agents.
2. Un agent mobile est placé dans chaque station du serveur, il aura pour tâche la gestion d'une sous base de données de routage.

Du fait que le rayon de propagation des transmissions des stations dans un réseau ad hoc soit limité, et afin que les agents formants le serveur restent connectés :

3. Lorsqu'une station est hors de portée de communication de la zone regroupant l'ensemble des stations mobiles, une autre station dans la même zone est élue par le protocole pour son remplacement.
4. L'agent placé dans la station qui s'apprête à quitter le serveur, migre vers la station élue, où il va poursuivre la gestion de la base de données.
5. Toute requête pour le routage de paquets sera envoyée à l'un des agents du serveur mobile (se trouvant sur la station la plus proche). L'agent mobile consulte la base de routage du serveur et répond par un message véhiculant le chemin à suivre pour atteindre la destination. Dans le cas où le chemin vers la destination est inconnu, le serveur entame la procédure de recherche de route.

III.1 Pré requis :

Dans ce qui suit, nous allons présenter les étapes d'exécution du protocole centralisé. Pour cela, nous supposons que les nœuds mobiles du réseau ad hoc peuvent se déplacer et changer de direction à n'importe quel moment. Cela dit, la vitesse avec laquelle les nœuds se déplacent doit être constante.

Si nous supposons que le réseau ne subira aucun éclatement (c.à.d quelque soit deux nœuds mobiles du réseau, il existe au moins un lien de communication direct ou indirect les reliant), alors, nous fixons δ et 2 comme étant respectivement le seuil maximal et minimal pour le nombre de nœuds mobiles que peut compter le serveur :

$$2 \leq |\text{nœuds du serveur}| \leq \delta$$

Dans un cas défavorable, où le serveur mobile risque de se trouver à l'extrémité du réseau et où le nombre de sauts à l'intérieur du serveur serait égal à 1, le serveur aura besoin d'au moins un nœud intermédiaire assurant sa connexion avec le reste des nœuds du réseau ce qui explique la raison pour laquelle le seuil minimal est fixé à deux.

Aussi, nous supposons que v' est le centre relatif du réseau (v' peut être calculé grâce à des techniques de localisation des nœuds mobiles basés sur le voisinage direct et indirect à plusieurs sauts ; plus le nombre de voisins d'un nœud donné augmente, plus sa position se rapproche du centre du réseau).

III.2 Etapes d'exécution du protocole centralisé :

III.2.1 Election des nœuds formant le serveur mobile multi agents :

Soit S le nombre de nœuds du réseau mobile. Mv la vitesse d'un nœud mobile v et v' le centre relatif du réseau. Les nœuds élus pour la constitution du serveur mobile doivent satisfaire les critères suivants :
- Avoir la plus petite distance par rapport au centre du réseau v' ;
- Se déplacer à une vitesse de mobilité approximative à la vitesse moyenne de l'ensemble des nœuds du réseau.

L'algorithme d'élection des nœuds formant le serveur mobile s'exécutera sur tous les nœuds mobiles du réseau selon les étapes suivantes :

Etape 1 : pour chaque nœud v calculer sa distance D_v par apport au centre v' :

$$D_v = dist\ (v,\ v')$$

Etape 2 : pour chaque nœud v calculer sa vitesse moyenne M_v pendant un intervalle de temps T.

$$M_v = \frac{1}{T}\sum_{t=1}^{T}\sqrt{(X_t - X_{t-1})^2 + (Y_t - Y_{t-1})^2},$$

[CHA 02]

Où (Xt, Yt) et $(Xt-1, Yt-1)$ sont les coordonnées du nœud v au temps t et $(t-1)$, respectivement.

Etape 3 : calcul de la vitesse moyenne du réseau :

$$M = \sum_{V=1}^{S}(Mv\ /\ |S|)$$

Etape4 : pour chaque nœud v, calcul de la formule pondérée :

$$P_v = w1\ (Dv) + w2\ (M/M_v).$$

Où w1 et w2 sont des poids dont la somme est égale à 1.

Les nœuds constituant le serveur vont être ceux avec la plus petite valeur P_v jusqu'à ce que le seuil δ soit atteint. Le nœud avec la plus petite valeur P_v représentera le cluster head du groupe ; il assurera la coordination entre les nœuds membres du serveur. A l'intérieur du serveur, les nœuds mobiles doivent être à la portée de communication les uns des autres ; nous supposons des liens de deux sauts de distance au maximum pour ne pas compliquer le mécanisme du routage intra serveur.

III.2.2 Maintenance des liens consistants entre les nœuds du serveur :

Une fois le groupe de nœuds mobiles formant le serveur construit, un échange régulier de signaux appelés « beacons » entre ces nœuds permettra de savoir si ces derniers se trouvent dans la même portée de communication. Ainsi, lorsqu'un nœud mobile s'éloigne des autres nœuds du serveur, la puissance du signal émis par ce dernier va être atténuée et de ce fait l'éloignement du nœud mobile est détecté.

Un nœud du serveur est préconisé à être remplacé si :
- Il quitte le serveur (dépassement de la portée de communication des autres nœuds membres).
- Il y'a épuisement important de sa batterie.

Le cluster head diffuse alors un message de contrôle à tous les nœuds de son groupe leur indiquant l'identificateur (ID) du nœud qui est susceptible d'être remplacé. En recevant ce message, chaque nœud du serveur va lancer un ***protocole de découverte de voisins*** basé sur le concept de la distance saine introduit dans le deuxième chapitre. Les nœuds du serveur vont alors identifier tous les hôtes qui sont assez proches (dont la puissance du signal émis est en augmentation) pour intégrer le serveur et les reportent au cluster head. Rappelons que l'utilisation du principe de la distance saine entre les nœuds mobiles, notée r, garantit une remise fiable des paquets de données (voir page 40).

- **Protocole de découverte de voisins :**

Lorsqu'un nœud du serveur détecte le rapprochement d'un autre nœud du réseau, il transmet la position de ce dernier au cluster head du serveur qui va procéder au calcul de la distance ; si la distance entre le cluster head et ce nœud est inférieure ou égale à la distance saine « r » alors ce nœud est retenu comme remplaçant.

En résumé, pour chaque nœud v détecté dans le voisinage du serveur, il y aura :

Cas 1 : les nœuds du serveur sont à 1 saut de distance.

- Calcul de la distance d_v = *dist (v,cluster head du serveur)*
- Comparaison entre d_v et r où : r est la distance saine entre le nœud v et le cluster head du serveur.
- Les nœuds retenus comme remplaçants seront ceux pour lesquels $d_v <= r$.

Cas 2: les nœuds du serveur sont à 2 sauts de distance.

- Calcul de la distance d_v = *dist (v, v')* où v' est le nœud du serveur qui a détecté le rapprochement du nœud v.
- Comparaison entre d_v et r où : r est la distance saine entre le nœud v et le nœud v'.
- Les nœuds retenus comme remplaçants seront ceux pour lesquels $d_v <= r$.

Pour chaque nœud remplaçant v, le clusterhead recevra la paire < Position v, ID v>. Le protocole de découverte de voisins permet au cluster head du serveur de maintenir une liste de tous les nœuds remplaçants satisfaisants les critères cités ci-dessus ; Pour des raisons de gain de temps, cette liste sera traitée en FIFO (First In First Out) et une fois que tous les remplacements serons effectués, la liste est rafraîchie. Cette technique permet de prendre en considération la duplication de messages dans le cas où le cluster head reçoit les mêmes informations de voisinage par les nœuds exécutant le protocole. A cet effet, avant d'ajouter un nœud dans sa liste, le cluster head procédera à une comparaison entre l'identificateur « ID » de ce dernier et celui des nœuds déjà présents dans la liste.

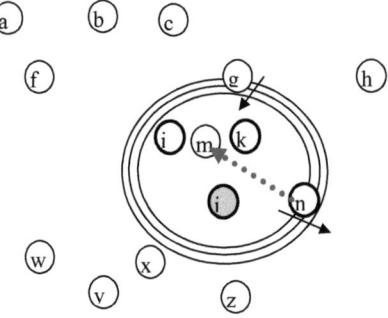

Figure 27 : Fonctionnement du protocole de découverte de voisins.

Dans la figure 27, l'exécution du protocole a abouti à la construction d'un serveur centralisé dynamique et relativement mobile regroupant quatre (04) stations mobiles, i, j, k et n dont le nœud j est le clusterhead, les nœuds du serveur sont à 1 saut de distance les uns des autres. Le signal émis par la station n -qui est sur le point d'être hors de portée des autres stations du groupe- commence à s'affaiblir ; dès que le clusterhead j détecte son éloignement, il transmet une commande à tous ces nœuds membres pour l'exécution du protocole de découverte de voisins. Suite à l'exécution de ce protocole, les positions respectives des stations m et g ainsi que leurs identificateurs seront transmis au cluster head qui dans ce cas choisira la station m comme remplaçante car la distance qui la sépare du cluster head est inférieure à la distance saine ce qui garantit la consistance du lien contrairement à la position de la station g. Par la suite, l'agent mobile implémenté au niveau du nœud n migre vers le nœud remplaçant m.

Notons, que la position de la station m sera transmise deux fois au cluster head j ; une fois par la station i et une autre fois par la station k. En procédant à la comparaison des identificateurs avant de les insérer dans la liste, le cluster head j évitera de répéter le calcul pour un même nœud.

Si aucun identificateur (ID) n'est transmis au cluter head :

- Soit parce que aucun nœud n'est présent dans le voisinage (isolement total du serveur). Dans ce cas, l'exécution du protocole est altérée puis relancée selon la topologie actuelle du réseau.
- Soit parce que les nœuds présents dans le voisinage ne satisfassent plus la condition de consistance $(d_v <= r)$. Dans ce cas, le code du nœud qui est susceptible de quitter le serveur devra migrer sur l'un des nœuds membre, ce qui peut causer sa saturation. Une alternative à cela serait de permettre que le diamètre du serveur soit variable augmentant ainsi le nombre de sauts entre les nœuds du serveur. Le cluster head transmettra alors une commande à tous les nœuds du serveur leur demandant d'intégrer leurs voisins directs à un saut de distance. La figure 28 illustre ce mécanisme dans le cas d'un étranglement du réseau.

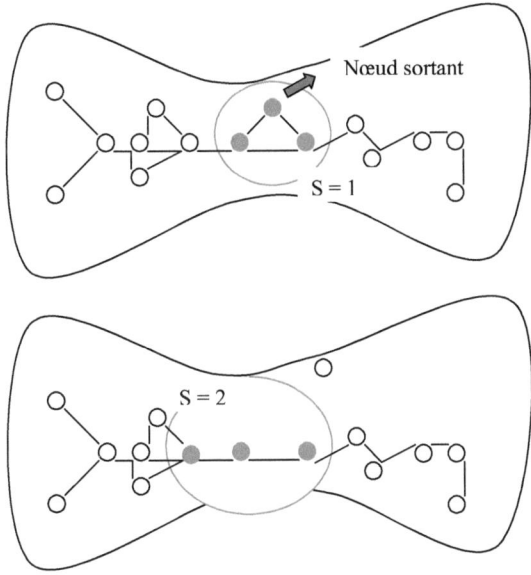

Où S représente le nombre de sauts à l'intérieur du serveur.

Figure 28 : Illustration du principe d'élargissement du diamètre du serveur.

III.2.3 Partitionnement du réseau en zones :

Une fois le serveur mobile construit et la condition de consistance de ces liens assurée, le réseau pourra être éventuellement divisé en zones. Le but est de dédier chaque portion du serveur pour la gestion des noeuds d'une partie géographique bien définie. Dans le cas du routage, chaque nœud du serveur arbitrera une sous base de données contenant les chemins vers les nœuds les plus proches géographiquement. Pour cela, chaque nœud mobile déploie une méthode de géo-localisation pour connaître sa position physique et déterminer son identificateur de zone.

Le nombre de zones et leurs étendues dépendront de plusieurs facteurs tel que : la mobilité des nœuds, la densité du réseau et la puissance de transmission des nœuds.

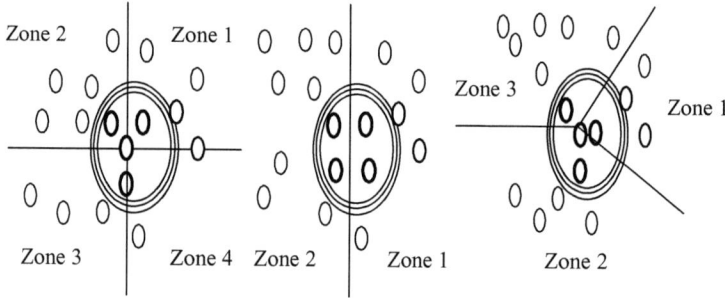

Figure 29 : Décomposition du réseau en zones.

III.2.4 Principe de fonctionnement du protocole de routage centralisé :

Le but de cette solution est de centraliser la fonction de routage au niveau du serveur afin d'alléger les autres nœuds du réseau du calcul et de permettre un gain dans le temps de réponse lors de la recherche et la découverte de route. Le cluster head du serveur aura la tâche de maintenance du serveur et coordonnera entre les nœuds membres qui traiteront toute requête de routage.

Avec le protocole proposé, Lorsqu'un nœud source s veut atteindre un nœud destination d, il transmet sa requête vers le serveur central qui la dirige aussi tôt vers le nœud destination d.

A travers l'étude des différents protocoles de routage conçus pour les réseaux ad hoc, nous pensons qu'un protocole de routage hybride sera adéquat pour la topologie proposée par notre solution. A l'intérieur du serveur mobile et vu le nombre réduit de nœuds, nous proposons l'exécution d'une technique de diffusion de paquets de données. Au delà du serveur, nous proposons un routage de source réactif. Avec un routage de source, les nœuds du réseau n'auront qu'à retransmettre (forwarder) les paquets reçus du moment que le chemin complet est attaché à ce dernier. Ce qui convient le mieux avec ce type de routage est une mise à jour à la demande. Les différents travaux présentés dans ce domaine, confirment que le fait d'associer un routage de source avec des mises à jour réactives permet d'éliminer le besoin d'émissions périodiques de message pour la détection du voisinage [ZOU 02]. Aussi, le choix d'une mise à jour réactive s'impose pour des raisons de gain de la précieuse bande passante. Nous proposons pour cela d'adapter le protocole DSR **[JOH 96]**(Dynamic Source Routing) introduit dans le chapitre précédent en intégrant le concept de zone que nous avons introduit dans le but de minimiser l'étendue des diffusions lors de la procédure de recherche de route.

- **Adaptation du protocole DSR dans le cadre de la solution proposée :**

Une fois le réseau partitionné et chaque nœud équipé de son identificateur de zone, les informations suivantes doivent être diffusées dans le réseau :

- Dans chaque zone, les nœuds membres du serveur diffusent leurs identificateurs (IDs) au reste des nœuds du réseau afin que ces derniers puissent les contacter.

- Chaque nœud d'une zone diffuse le couple <ID nœud, ID zone> vers le serveur afin que ce dernier ait une information complète sur le partitionnement des nœuds dans le réseau.

Ces informations sont mises à jour à chaque changement de topologie.

Le processus *découverte de route* dans le protocole DSR, permet à n'importe quel hôte source de découvrir dynamiquement une route vers une autre destination dans le réseau, soit directement si la destination se trouve dans le même rang de transmission; soit indirectement, à travers un ou plusieurs nœuds. Dans DSR, le noeud qui initie la découverte de route diffuse un paquet *requête de route* vers le reste des nœuds du réseau. Le paquet *requête de route* contient les champs suivants :

<ID destination, ID source, Enregistrement de route, ID requête>

Chapitre 4. Un Protocole Centralisé pour la Gestion du Routage dans les Réseaux Ad Hoc

Pour les besoins de notre protocole, deux champs supplémentaires « ID zone » et « ID serveur » seront ajoutés au paquet. Ainsi, le paquet envoyé contiendra :

<ID destination, ID source, Enregistrement de route, ID requête, *ID zone, ID serveur*>

L'introduction du champ « ID zone » permettra de limiter l'étendue de la diffusion du paquet *requête de route* uniquement vers les nœuds appartenant à une même zone jusqu'à ce que le serveur soit atteint. Lors de la récupération d'un paquet *requête de route* par un nœud P du réseau, si l'ID zone du nœud émetteur est différent de L'ID zone du nœud P alors le paquet est ignoré.

L'introduction du champ « ID serveur » obligera le passage du paquet *requête de route* par le serveur avant d'atteindre la destination finale. Ce passage obligé, permettra au serveur de garder trace des routes vers les différentes destinations afin de centraliser les informations du routage au niveau du serveur.

Une fois le paquet requête de route arrivé au serveur, ce dernier doit répondre à l'initiateur à travers un paquet *réponse de route*. Si le nœud serveur contient dans son enregistrement ou dans sa table une entrée vers le nœud émetteur alors il va l'utiliser pour véhiculer le paquet réponse de route au nœud source. Sinon, il procédera à l'inversement de la route contenu dans le paquet *requête de route* reçu et enregistrera une copie dans sa table de routage. Cela dit, des liens bidirectionnels doivent exister entre les noeuds mobiles formant le chemin de la source vers la destination. Dans le cas contraire, la technique de Piggybacking peut être utilisée (voir l'exécution du protocole DSR page 59)

Pour résumer, lors de la réception d'un paquet *requête de route* par un nœud P du réseau, le traitement suivant sera donc effectué :

1. Comparaison des IDs zones (**ID Zone, ID Zone P**), Si le paquet reçu provient d'un nœud appartenant à la même zone du nœud P, alors on passe au point 2. Sinon, le paquet est ignoré.

2. Double comparaison (**ID P et ID destination**) et (**ID P et ID serveur**). Si l'une des deux conditions est vérifiée, le processus *requête de route* se termine. Cette

double vérification permet de considérer le cas où le nœud source et destination appartiendraient à la même zone. Dans ce cas, la requête recherche de route n'aura pas à arriver jusqu'au serveur car cela peut entraîner une perte de temps.

3. Une fois la destination trouvée (le serveur ou la vrai destination), le processus réponse de route est exécuté.

- **Le routage au niveau du serveur :**

Au niveau du serveur, une technique de diffusion de paquets de données sera exécutée afin que chaque nœud ait une information complète et rafraîchie de son voisinage. Comme dit précédemment, toute requête de routage sera envoyée au serveur dans le but de déterminer : « *à quelle zone appartient la destination ?* ». Pour cela, le cluster head du serveur arbitrera une table de routage contenant comme entrée le couple <ID nœud, ID zone>.

Une fois la zone de la destination déterminée, la requête sera dirigée vers les nœuds du serveur couvrant le routage dans la zone en question et un nouveau processus de découverte de route sera initié par les nœuds du serveur vers la vraie destination.

A présent, examinons le fonctionnement du protocole sur l'exemple de la figure suivante :

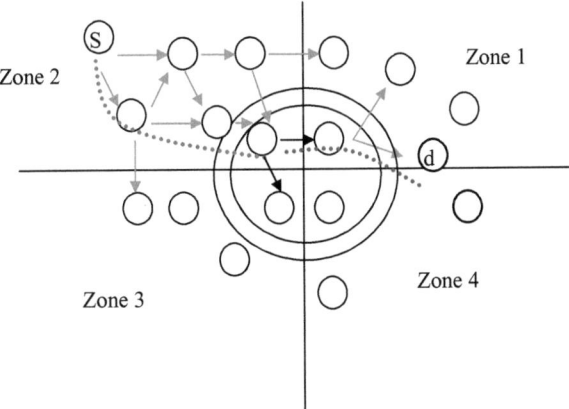

Figure 30 : Exécution du protocole de routage centralisé.

La figure 30, illustre un réseau ad hoc partitionné en quatre zones géographiques, (zone 1, zone2, zone3 et zone4). En utilisant le protocole de routage proposé, lorsqu'un nœud source s veut atteindre un nœud destination d, il lance une découverte de route vers le serveur. L'étendue du processus découverte de route est limitée aux nœuds de la zone 2 ; toute diffusion de paquet au delà de cette zone sera ignorée. Une fois le serveur atteint, ce dernier acquitte le nœud s avec un paquet réponse de route véhiculant le chemin complet du nœud s vers le serveur via le champ enregistrement de route. Le serveur, enregistre ce chemin dans sa table de routage et lance à son tour une découverte de route vers le nœud d ; une fois ce dernier atteint, il acquitte le serveur qui enregistre le chemin vers le noeud d dans sa table de routage. Ainsi le chemin complet de la source vers la destination est établi.

- Discussion :

En général, avec un routage centralisé, le processus de découverte de route s'exécute deux fois. Une fois, de la source vers le serveur et une autre fois du serveur vers la destination. On peut alors se poser la question suivante : « et si il y' a changement de topologie lors de la deuxième phase de découverte de route, comment est ce que le serveur retrouverait le chemin vers la source ? ». Pour cela, Les mécanismes de détection de boucle et de maintenance de route seront utilisés de la même manière que dans le protocole DSR. (Voir page 61)

L'atout apporté par cette solution est de minimiser le trafic ainsi que le temps de réponse lors du processus de découverte de route. En effet, il est beaucoup plus facile de découvrir une route vers un nœud central en terme de distance et de temps que d'atteindre un nœud aléatoirement dans un réseau qui peut être volumineux. En obligeant le passage de toute requête de découverte de route par le serveur, nous voulons garder trace des routes vers les différentes destinations du réseau afin que les tables de routage du serveur soient le plus renseignées et rafraîchies et de ce fait l'information du routage devient centralisée.

IV. Conclusion :

Ce chapitre présente les inconvénients de la gestion distribuée dans les réseaux ad hoc et propose une autre alternative de gestion à travers un protocole centralisé dédié au routage. Le protocole proposé est à base d'un serveur mobile multi agents. Sa conception s'exécute selon les étapes suivantes : Premièrement, l'élection des nœuds formant le serveur mobile. Ensuite, la mise en place d'une technique de maintenance de liens consistants entre les membres du serveur en dépit de la mobilité des nœuds. Troisièmement, la décomposition du réseau en zones et enfin, l'exécution d'un protocole de routage adéquat à l'architecture proposée. Au niveau du serveur nous avons supposé des nœuds à deux sauts de distance au maximum pour ne pas compliquer le mécanisme du routage intra serveur ; une technique de diffusion de paquet de données entre les nœuds du serveur est utilisée. Au delà du serveur, nous avons proposée une adaptation du protocole DSR (Dynamic Source Routing) **[JOH 96]** en intégrant le concept de zones afin de limiter l'étendue des diffusions et en obligeant le passage de toute requête de route par le serveur afin de centraliser les informations du routage et de permettre un gain de temps lors du processus de recherche de route. Le protocole DSR offre un routage de source qui nous semble fort adéquat pour la topologie proposée.

Une simulation des différentes phases de conceptions étant en cours de réalisation, il n'est pas encore possible de procéder à des mesures de performances.

Conclusion Générale & Perspectives

Dans un environnement mobile caractérisé par l'absence d'infrastructure fixe tel que les réseaux ad hoc. La majorité des applications de gestion et de contrôle s'exécutent de manière distribuée impliquant ainsi tout les nœuds du réseau. D'un autre coté, les réseaux ad hoc sont caractérisés par de faibles ressources de traitement et d'énergie. Grâce à de nouvelles technologies, telles que la technologie d'agent mobile, nous avons voulu connaître quelles sont les possibilités offertes pour faire économiser à de tels réseaux, des ressources précieuses et nous avons pensé à un mode de gestion semblable à celui des environnements mobiles avec infrastructure fixe qui se charge de l'administration des applications en cours.

Nous avons proposé donc la conception d'un protocole de routage centralisé à base d'un serveur multi agents. Le but de cette solution est de centraliser la fonction du routage au niveau du serveur afin d'alléger les autres nœuds du réseau du calcul et de permettre un gain dans le temps de réponse lors de la recherche et la découverte de route. Aussi, les ressources réseau (CPU, Batterie, Mémoire) seront non seulement économisés mais leur consommation sera alternée grâce au mécanisme de remplacement lors de la mobilité des nœuds.

Comme perspective, et dans le cas où le nombre de nœuds dans le réseau aura à augmenter considérablement, nous proposons l'éclatement du serveur centrale en de sous serveurs couvrant chacun une partie géographique donnée. Une technique d'interconnexion des sous serveurs devra alors être mise au point afin d'assurer un échange régulier d'information entre ces derniers.

De plus, il serait intéressant d'exécuter une technique de *clustering* avant la construction des sous serveurs. Le réseau sera partitionné en plusieurs clusters identifiés chacun par un cluster head ; l'élection des nœuds formant le serveur se fera parmi les nœuds cluster heads. Cette solution peut apporter une amélioration en diminuant la charge des sous serveurs sur plusieurs niveaux de clustering mais nécessite beaucoup de calcul pour les élections respectives des cluster heads et son efficacité est fortement liée à la non homogénéité des nœuds ce qui n'est pas toujours le cas dans les réseaux mobiles ad hoc.

Jusque là, l'idée du protocole centralisé proposée n'a utilisé que la propriété de mobilité de l'agent. Du moment que la technologie du code mobile est issue du domaine de l'intelligence artificielle, il serait intéressant d'utiliser la propriété d'intelligence de l'agent. En effet, si en plus de sa mobilité un agent pourrait décider sur quel hôte migrer sans l'aide d'un mécanisme de remplacement comme celui proposé dans ce protocole, alors cela pourrait simplifier l'implémentation du protocole et faciliter la tâche du cluster head du serveur qui sera consacré uniquement pour coordonner les nœuds dans le cadre du routage.

Notons que le protocole proposé pourra être implémenté dans le cadre d'autres applications que celle du routage par exemple : la localisation d'agent mobile, le contrôle de topologie, la sécurité…etc.

Liste Des Figures

Figure 1 : Paradigme Agents Mobiles………………………………………….page 6.
Figure 2 : Modèles d'exécution répartie……………………………………… page 7.
Figure 3 : Environnement d'exécution d'agents mobiles……………………….page 10.
Figure 4 : Processus d'admission d'un agent mobile sur une place de l'environnement d'exécution…………………………………………………………………….page 12.
Figure 5 : Modèle de réseau mobile avec infrastructure…………………….page 21.
Figure 6 : Exemple de WLAN………………………………………………….page 22.
Figure 7 : Exemple de WWAN ou WMAN……………………………………….page 23.
Figure 8 : Principe de réutilisation de fréquences……………………………….page 24.
Figure 9 : Exemple d'un réseau ad hoc……………………………………….page 25.
Figure 10 : Principe du routage dans un réseau ad hoc…………………………page 28.
Figure 11 : Modélisation par graphe d'un réseau ad hoc………………………page 29.
Figure 12 : Changement de topologie dans les réseaux Ad Hoc…………….page 29.
Figure 13 : Illustration d'une colonne vertébrale dans un réseau ad hoc………page 33.
Figure 14 : Méthode de *Clustering* dans les réseaux ad hoc……………………page 35.
Figure 15 : Concept de Distance Saine (The safe distance)…………………….page 40.
Figure 16 : Opération de fusion de groupes…………………………………….page 43.
Figure 17 : Opération d'éclatement de groupes…………………………….. page 44.
Figure 18 : Chemin utilisé dans le routage entre la source et la destination……page 47.
Figure 19 : Mécanisme d'inondation……………………………………………page 47.
Figure 20.1 : Routage à plat…………………………………………………….page 53.
Figure 20.2 : Routage hiérarchique…………………………………………….page 53.
Figure 21 : Etablissement de table de routage dans DSDV…………………….page 56.
Figure 22 : Relais Multi Point du protocole OLSR…………………………….page 57.
Figure 23 : Découverte de chemin dans DSR………………………………….page 61.
Figure 24 : Décomposition du réseau en zone dans ZRP………………………page 62.
Figure 25 : Exemple d'exécution du protocole ZRP……………………………page 63.
Figure 26 : Classifications des protocoles de routage MANETs……………page 65.
Figure 27 : Fonctionnement du protocole de découverte de voisins…………page 75.
Figure 28 : Illustration du principe d'élargissement du diamètre du serveur…page 76.
Figure 29 : Décomposition du réseau en zone…………………………………….page 77.

Figure 30 : Exécution du protocole de routage centralisé............................page 80.

Liste Des Tableaux

Tableau 1: Tableau comparatif des heuristiques de clustering dans la littérature..page 36.

Tableau 2 : Comparaison générale des protocoles de routages Réactifs et Proactifs....page 66.

Abréviations

ABR	Associativity Based Routing
AM	Agent Mobile
AODV	Ad hoc On Demand Distance Vector
BCN	Backbone Capable Node)
BN	Backbone Node
CBRP	Cluster Based Routing Protocol
CGSR	Clusterhead Gatway Switch Routing
DARPA	the Defense Advanced Research Projects Agency
DSDV	Destination Sequence Distance Vector
DSR	Dynamic Source Routing protocol
FIFO	First In First Out
FSR	Fisheye State Routing
GSR	Global State Routing
GPRS	Global Positioning R System
HiperLan	High Performance Local Area Network
HSR	Hierarchical State Routing
I.A	Intelligence Artificielle
IEEE	Institute of Electrical and Electronics Engineers
IETF	Internet Engineering Task Force
LCA	Linked Cluster Architecture
MANET	Mobile Ad hoc Network
MBNP	Mobile Backbone Protocol
MCL	Mobile Code langages (langages du code mobile)
MMWN	Multihop Mobile Wireless Networks
MPR	Multi-Point Relais
NB	Nodes Backbone
PC	Personal Computer
OLSR	Optimized Link State Routing Protocol
PRNet	Packet Radio Network
RFC	Request For Comments
RPC	Remote Procedur Call (appel de procédure distante)
SSR	Signal Stability-based Routing
SURAN	Survivable Radio Networks
TBRPF	Topology Dissemination Based on Reverse-Path Forwarding
TORA	Temporary Ordering Routing Algorithme
QoS	Quality of Service
WCA	Weighted Clustering Algorithm for Mobile Ad Hoc Networks
Wi-Fi	Wireless Fidelity
WLAN	Wireless Local Area Network
WMAN	Wireless Metropolitan Area Network
WRP	Wireless Routing Protocol
WWAN	Wireless Wide Area Network
WWW	World Wide Web
ZHLS	Zone-Based Hierarchical Link State Routing Protocol
ZRP	Zone-based Routing Protocol

Références Bibliographiques

- **[ADJ 03]** : C. Adjih, T. Clausen, P. Jacquet, A. Laouiti, P. Minet, P. Muhlethaler, A. Qayyum, L. Viennot. « Optimized Link State Routing Protocol ». Draft-ietf-manet-olsr-09.txt. IETF (2003).

- **[AMI 00]**: A. Amis, R. Prakash, T. Vuong D. Huynh. « Max-Min-D-Cluster Formation in Wireless Ad hoc Networks ». Department of Computer Science, University of Texas, Proceeding in IEEE INFOCOM, March2000.

- **[BAK 81]**: D.J. Baker and A. Ephremides. « The Architectural Organization of a Mobile Radio Network via a Distributed Algorithm ».IEEE Transactions on Communications 29(11),pp 1694-1701, 1981.

- **[BER 00]** : G. Bernard. « Apport des Agents Mobiles à l'Exécution Répartie ». Institut National des Télécommunications. 4ème Ecole d'Informatique des Système parallèles et Répartis (ISYPAR'00) Toulouse, France février 2000.

- **[BER 02]**: Y. Berbers, B. De Decker, W. Joosen. « Infrastructure for Mobile Agents ». Department of Computer Science - KULeuven, Belguim 2002.

- **[BIE 98]**: A. Bieszczad, B. Pagurek, T. White. « Mobile Agents for Network Managment ». Systems and Computer Engineering, Carleton Univesrity, Canada. IEEE Communications Surveys, Vol. 1, No. 1, Fourth Quarter 1998.

- **[CHA 02]**: M. CHATTERJEE, S. K. DAS and D. TURGUT. « WCA: A Weighted Clustering Algorithm for Mobile Ad Hoc Networks », Center for Research in Wireless Mobility and Networking, Department of Computer Science and Engineering, University of Texas at Arlington, Arlington, TX 76019-0015, USA. Journal of Cluster Computing 5. April 2002.

- ➢ **[CHI 97]**: Chiang, H. Wu, W. Liu, and M. Gerla. «Routing in Clustered Multihop, Mobile Wireless Networks». In Mobile Wireless Networks, The IEEE Singapore International Conference on Networks, (SICON), pp. 197-211, April 1997.

- ➢ **[CUG 98]**: G. Cugola, G-P. Picco, et G. Vigna. « Analyzing Mobile Code Languages ». Technical Report. Elettronica Informazione, Politecnico di Milano 1998.

- ➢ **[DHO 03]** : D. Dhoutaut. « Etude du Standard IEEE 802.11 dans le Cadre des Réseaux ad hoc : de la Simulation à l'Expérimentation ». Thèse de doctorat présenté à l'Institut National des Sciences Appliquées de Lyon, Projet INRIA ARES, Laboratoire CITI, INSA de Lyon, Décembre 2003.

- ➢ **[FIF 87]** : W. Fifer, F. Bruno, « The Low-cost Packet Radio », Proceedings of the IEEE 75 (1), pp33-42, (1987)

- ➢ **[FRE 01]** : J. A. Freebersyser, B. Leiner, «A DoD Perspective on Mobile Ad hoc Networks », Ad Hoc Networking, edited by Charles E. Perkins, chapter 2, pages 29-51. Addison-Wesley, 2001.

- ➢ **[FUG 98]**: A. Fuggetta, G-P. Picco, et G. Vigna. « Understanding Code Mobility ». IEEE Transactions on Software Engineering, Vol. 24, N° 5, Mai 1998.

- ➢ **[GER 95]**: M. Gerla. « Clustering and Routing in Large Ad Hoc Wireless Nets ». Computer Science Department. University of California, Los Angeles, California 1995. Final Report 1998-99 for MICRO project 98-044.

- ➢ **[GER 00]**: M. Gerla, T.J. Kwon and G. Pei. « On Demand Routing in Large Ad hoc Wireless Networks with Passive Clustering ». In Proceedings of the IEEE WCNC (Wireless Communications and Networking Conference), September 2000.

- **[GRA 96]**: R. Gray, D. Kotz, S. Nog, D.Rus, G. Cybenko. « Mobile Agents for Mobile Computing ». Departement of Computer Science, Dartmouth College, Technical Report PCS-TR96-285 1996.

- **[GT 95]**: M. Gerla and J.T-C. Tsai. « Multicluster, Mobile, Multimedia Wireless Radio Networks ». ACM/BALTZER Journal of Wireless Networks. vol. 1, (no. 3), pp 255-265, 1995.

- **[JOA 99]**: M. Joa-Ng & I-T Lu. « A Peer-to-Peer Zone-Based Two-Level Link state Routing for Mobile Ad Hoc Networks ». IEEE Journal On Selected Areas In Communications, Vol 17 No 8. August 1999.

- **[JOH 96]**: D.B. Johnson and D. A. Maltz. « Dynamic Source Routing in Ad hoc Wireless Networks ». Mobile Computing, Kluwer Academic Publishers, vol.353, pp.153-181, 1996.

- **[JOH 03]**: T. Johansson, L. Carr-Motyckova, « On Clustering in Ad Hoc Networks », Division of Computer Science and Networking, Luela University of Technologie, SNCNW August 2003.

- **[KLE 77]**: L. Kleinrock and F. Kamoun. « Hierarchical Routing for Large Networks » Computer Networks vol. 1, no. 3, pp. 155--174, Jan. 1977.

- **[LEI 96]** : B. Leiner, R. Ruth, A.R. Sastry, « Goals and challenges of the DARPA GloMo program », IEEE Personal Communications 3 (6), pp 34-43, 1996

- **[LEM 00]**: T. Lemlouma, « Le Routage dans les Réseaux Mobiles Ad Hoc ». Rapport de mini projet, Institut d'Informatique, USTHB septembre 2000.

- **[LIN 97]**: C. R. Lin and M. Gerla. «Adaptive Clustering for Mobile Wireless Networks ». IEEE, Journal on Selected Areas in Communications 15(7), pp 1265-1275, 1997.

- ➢ **[MER 04]** : R. Meraihi. « Gestion de la Qualité de Service et Contrôle de Topologie dans les Réseaux Mobiles Ad Hoc ». Thèse de doctorat de l'école nationale supérieure des télécommunications, Paris, Novembre 2004.

- ➢ **[MOU 04]**: H. Moustapfa. «Unicast and Multicast Routing in Mobile Ad Hoc Networks». Thèse de doctorat à l'Ecole Nationale Supérieure des Télécommunications 2004.

- ➢ **[PEA 99]**: M. Pearlman, Z. Hass. « Determining The Optimal Configuration For The Zone Routing Protocol ». IEEE Selected Area In Communication, August 1999.

- ➢ **[PER 94]**: C. Perkins, P. Bhagwat, « Highly Dynamic Destination-Sequenced-Distance Vector Routing (DSDV) for Mobile Computers », ACM SIGCOMM, vol. 24, no. 4, PP. 234-244, October 1994.

- ➢ **[PER 97]** : S. Perret. « Agent Mobile pour l'Accès Nomade à l'Information Répartie dans les Réseaux à Grande Envergure ». Thèse de doctorat en science de l'Université Joseph Fourier - Grenoble I - 1997.

- ➢ **[PER 99]**: C. E. Perkins, E. M. Royer. « Ad-hoc On-Demand Distance Vector Routing ». Proceeding of the 2nd IEEE Workshop on Mobile Computing Systems and Applications (WMCSA'99), New Orleans, Louisiana, USA, February 1999.

- ➢ **[RAM 98]**: R. Ramanathan and M. Steenstrup. « Hierarchically-organized, Multihop Mobile Wireless Networks for Quality-of-Service Support ». ACM/BALTZER Mobile Networks and Applications 3(1), pp 101-118, 1998.

- ➢ **[ROM 01]**: G. C Roman, Q. Huang, A. Hazemi. « Consistent Group Membership in Ad Hoc Networks ». Department of Computer Science, Washington University. Proc. 23 rd Int'l Conf. Software Eng. (ICSE), May 2001.

- [RUB 03]: I. Rubin, X. Huangand, Y. C. Liu and H. Ju. « A Distributed Stable Backbone Maintenance Protocol for Ad hoc Wireless Networks ». IEEE VTC (Vehicular Technology Conference), Jeju, Korea, April 2003.

- [SAH 99] : A. Sahai. « Conception et Réalisation d'un Gestionnaire Mobile de Réseaux Fondé sur la Technologie d'Agent Mobile ». Thèse de doctorat de l'Université de Rennes1- 1999.

- [SIV 05]: S. Sivavakeesar, G. Pavlou, Damien Masson, Koffi N'guetta. « A Scalable QoS Routing Scheme using a Mobility Prediction-based Clustering Approach for Large-scale Ad-hoc Networks ». DEA IFA, réseaux ad-hoc : Etude bibliographique 13 mars 2005

- [TOH 96]: C-K Toh. «A Novel Distributed Routing Protocol To Support Ad-Hoc Mobile Computing». In IEEE 15th Annual Int'l - Phoenix Conf. Comp. and Commun, 1996.

- [THO 97]: T. Thorn. « Programming Languages for Mobile Code ». Rapport de recherche n_3134 pages 37. IRISA Publications, mars 1997.

- [WES 84]: J. Westcott and G. Lauer, « Hierarchical Routing for Very Large Networks », Proc. IEEE MILCOM '84, pp. 214-218, 21-24 October 1984.

- [XU 95]: K. Xu, X. Hong, M. Gerla. « An Ad Hoc Network with Mobile backbones ». Computer Science Department at UCLA - Los Angeles, CA 90095.

- [ZAF 04]: Y. Zaffoune, A. Mokhtari. « Localization of Mobile Agents in Mobile Ad Hoc Networks ». USTHB, ECUMN (Europe Conference Universal Multiservice Network), LNCS 3262, pp.337-384, Portugal 2004.

- [ZOU 02]: X. Zou, B. Ramamyrthy and S. Magliveras. « Routing Techniques in Wireless Ad Hoc Networks - Classification and Comparison ». Dept. of Computer Science and Engineering and dept. of Mathematical Sciences -

University of Nebraska-Lincoln – Florida Atlantic University. The Sixth World Multiconference on Systemics, Cybernetics, and Informatics, SCI 2002.

Autres références:

- [CN 04] : Cyber Network. « LIVRE BLANC – Sécurité des Systèmes Sans Fil v2.0». janvier 2004

- [GUI 02] : « Introduction aux réseaux sans fil » available at : http : // www.guill.net/reseaux/sansfil.html

- [JEA 95] : N. Jean. « Algorithmes de routage ». available at : http://www.nicolasjean.com/essai_routage.pdf

- [PER 03] : Jean-Marc Percher, Bernard Jouga. « Détection d'Intrusions dans les Réseaux Ad hoc ». Ecole Supérieure d'Electronique de l'Ouest (ESEO) & SUPLEC.

- [ROU 99]: « Protocoles de Routage pour Réseau Mobiles Sans Fil Ad hoc » available at :ftp://ftp.netlab.ohio-state.edu/pub/jain/courses/cis788-9/adhoc_routing/index.html.

Oui, je veux morebooks!

i want morebooks!

Buy your books fast and straightforward online - at one of world's fastest growing online book stores! Environmentally sound due to Print-on-Demand technologies.

Buy your books online at
www.get-morebooks.com

Achetez vos livres en ligne, vite et bien, sur l'une des librairies en ligne les plus performantes au monde!
En protégeant nos ressources et notre environnement grâce à l'impression à la demande.

La librairie en ligne pour acheter plus vite
www.morebooks.fr

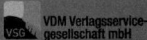

VDM Verlagsservicegesellschaft mbH
Heinrich-Böcking-Str. 6-8 Telefon: +49 681 3720 174 info@vdm-vsg.de
D - 66121 Saarbrücken   Telefax: +49 681 3720 1749 www.vdm-vsg.de

Printed by Books on Demand GmbH, Norderstedt / Germany